本书是国家社会科学基金一般项目“‘双碳’目标倒逼机制对经济高质量发展的驱动效应、潜在冲击与协调路径研究”（批准号：22BJY127）的阶段性研究成果。同时本书获得西安交通大学人文社会科学学术著作出版基金和中央高校基本科研业务费专项资金资助。

中国高质量发展中的工业升级及其生态效率研究

王 锋 杜旭洋 李皓浩 叶文显 著

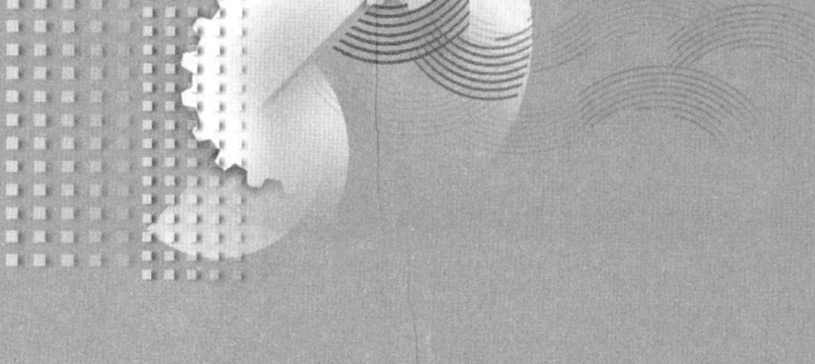

西安交通大学出版社
XI'AN JIAOTONG UNIVERSITY PRESS

图书在版编目(CIP)数据

中国高质量发展中的工业升级及其生态效率研究 / 王锋等著. — 西安 ：西安交通大学出版社，2024.12.
ISBN 978-7-5693-3067-0

Ⅰ. F424

中国国家版本馆 CIP 数据核字第 2024T2H952 号

书　　名	中国高质量发展中的工业升级及其生态效率研究 ZHONGGUO GAOZHILIANG FAZHAN ZHONG DE GONGYE SHENGJI JI QI SHENGTAI XIAOLÜ YANJIU
著　　者	王　锋　杜旭洋　李皓浩　叶文显
责任编辑	史菲菲
责任校对	雒海宁
封面设计	伍　胜

出版发行	西安交通大学出版社 (西安市兴庆南路 1 号　邮政编码 710048)
网　　址	http://www.xjtupress.com
电　　话	(029)82668357　82667874(市场营销中心) (029)82668315(总编办)
传　　真	(029)82668280
印　　刷	西安五星印刷有限公司

开　　本	700mm×1000mm　1/16　**印张**　13.625　**字数**　196 千字
版次印次	2024 年 12 月第 1 版　2025 年 1 月第 1 次印刷
书　　号	ISBN 978-7-5693-3067-0
定　　价	86.00 元

如发现印装质量问题，请与本社市场营销中心联系。
订购热线：(029)82665248　(029)82667874
投稿热线：(029)82665379
读者信箱：511945393@qq.com

前言
Foreword

改革开放以来，中国的物质文明、政治文明、精神文明、社会文明和生态文明建设已经取得了巨大成就。但在经济发展中也出现了贫富差距扩大、资源消耗过度和环境污染加剧等紧迫问题。近些年，中国经济增速换挡，阶段性特征日趋明显，经济增长进入新常态，并有陷入“中等收入陷阱”的风险。因此，转换经济增长方式、推动高质量发展势在必行。2017年，党的十九大报告指出，“我国经济已由高速增长阶段转向高质量发展阶段，正处在转变发展方式、优化经济结构、转换增长动力的攻关期”。2017年12月召开的中央经济工作会议也强调，必须加快形成推动高质量发展的指标体系、政策体系等，创建和完善制度环境，坚定不移地走高质量发展之路。党的二十大报告指出：“高质量发展是全面建设社会主义现代化国家的首要任务。”

与此同时，随着工业化进程的加快，工业经济快速发展带来了一系列生态环境问题，对中国的可持续发展构成了严重威胁。过去长期实行的以重工业化为主导的发展方式推动了中国经济的高速发展，实现了综合国力、国际竞争力等方面从弱到强的根本性转变，使中国在世界经济中的地位得以提升。然而，这样的经济发展模式却使生态环境受到了严重破坏，是一种不可持续的经济增长方式。社会经济和生态环境的协调发展关乎国家发展与人类命运，是当今全球范围持续关注、亟待解决的关键性问题。因此，可持续发展思想应运而生，它认为生态环境的可持续发展能力是一国经济健康稳定发展的前提条件，经济社会的发展不可以超出区域资源环境系统所能承受活动能力的最大限度，追求自然资源的可持续性利用与生态系统的协调平衡。在可持续发展思想的指导下，全球各国陆续提出“循环经济”“低碳经济”等经济发展方式，在全球范围内掀起了资源节约与生态保护的热潮。

对于中国而言，工业部门是资源环境问题的主要源头。资源需求高，能源消耗多，污染物排放量大，是工业部门资源环境问题的典型特征。在当前高质量发展的背景下，工业部门作为国家经济发展的主引擎，面临着新旧动能转换和加快转型升级的紧迫任务。工业是立国之本，关系到国家的经济命脉，工业高质量发展应作为经济工作的重点。因此，在当前中国高质量发展的背景下，如何将工业生态化提升融入工业升级进程不仅是中国工业部门应该重点考虑的内容，而且是未来工业发展有待解决的重点问题。从学术研究的层面来看，自高质量发展和工业升级提出以来，诸多学者对其进行了多维度的探索与研究。目前在理论研究上更为重要的是，必须要从高质量发展视角，考察工业升级及其生态效率。

深入理解高质量发展中的工业升级及其生态效率，需要从理论上回答一系列问题：如何科学构建出评价中国高质量发展水平的指标体系？如何客观准确测度中国各省区市高质量发展的水平？如何评估中国高质量发展中的工业升级？中国的工业升级对生态效率产生了什么样的影响？工业升级通过哪些途径来影响生态效率？工业升级对生态效率的影响是否会因行业差异而有所不同？制定什么样的政策可以更好地在工业升级中兼顾和促进生态效率的提升？

本书用十章的篇幅逐一解答了上述一系列理论问题。第 1 章为绪论，首先介绍研究背景，阐述研究的理论意义与应用价值；其次介绍本书的研究内容、方法及框架；最后说明本书的创新之处。第 2 章为概念界定、理论基础及文献综述，首先，介绍了高质量发展、中国高质量发展驱动机制等基本概念；其次，在明确产业升级与产业结构升级区别的基础上，引申出工业升级的概念，进一步介绍了工业生态效率的基本概念；再次，在概念界定的基础上，介绍了本书所涉及的主要理论；最后，梳理归纳了现有研究成果，并进行简要评述。第 3 章为中国高质量发展评价指标体系的构建与测度，首先，基于高质量发展内涵，并借鉴前人的相关研究，在科学性、动态性、数据可获得性原则的指导下，从创新、协调、绿色、开放、共享、效率、安全、稳定八个方面，选取了 78 个三级指标来对中国高质量发展状况进行综合评价；其次，运用主客观组合赋权的方法确定权重，并详细说明熵值法的具体步骤；最后，编制中国高质量发展指数以及创新、协调、绿色、开放、共享、效率、安全、稳定八个方面的发展指数。第 4 章为中国高质量发展水平的测度与分析，以

第3章构建的高质量发展评价指标体系为基础，完成对全国及东部、东北、中部、西部四大区域高质量发展水平的横向、纵向测度与分析。第5章为中国高质量发展驱动机制的实证分析，采用第4章测算出的高质量发展综合指数作为被解释变量，根据第2章的高质量发展水平驱动机制的作用机理，建立面板回归模型，实证分析了中国高质量发展的驱动因素，并对实证回归结果进行分析，最后通过变更变量的方式来检验模型的稳健性。第6章是高质量发展中工业升级影响工业生态效率的机制分析，从工业升级的资源配置效应、技术高级化效应、溢出效应和专业化分工效应四个角度，分析了中国工业升级影响工业生态效率的理论机制，为后文研究做铺垫。第7章是中国工业升级的测度与分析，首先介绍构建指标体系的基本原则、指标的选取、数据来源和行业合并的处理，其次构建中国工业升级的评价指标体系并介绍测度的方法与具体步骤，最后定量分析中国工业升级水平。第8章是中国工业生态效率的测度与分析，首先介绍相关指标的选取及数据来源，其次对相关数据进行处理与估算，最后采用Super-NSBM模型及全局参比法来测度中国工业生态效率的水平并定量分析。第9章是高质量发展中工业升级对工业生态效率影响的实证研究，以第7章与第8章为基础，通过Tobit模型，从要素禀赋结构、规模因素、所有制结构、管制因素和技术因素五个方面选取控制变量，实证探究高质量发展中工业升级对工业生态效率的影响。第10章是研究结论与政策启示，首先，根据中国高质量发展评价指标体系、高质量发展水平实证测度、高质量发展水平的驱动因素的分析结果，从多方面总结中国高质量发展进程中的问题；其次，对工业升级和工业生态效率的作用机制、指标测算结果及实证回归结果进行归纳总结，提出推动工业生态效率提升，有助于高质量发展的政策启示；最后，结合本研究的不足之处，对未来关于高质量发展、工业升级对工业生态效率影响的相关研究提出展望。

本研究有以下五点创新之处。第一，创新性地阐释了高质量发展的内涵，探索了高质量发展的驱动机制。通过分析国内外研究现状，对中国高质量发展的内涵进行新的阐释，在新发展理念的基础上，加入了经济运转的效率性、经济运行的安全性和经济发展的稳定性三个维度的考察内容。同时，从市场机制、政府作用、要素机制三个方面对中国高质量发展的驱动机制进行了积极探索。第二，拓展了中国省际高质量发展的评价指标体系。本书基于科学性、动态性和数据的可得性原则，从增长动力的创新、区域城乡的协调、可持续的绿色、经济运行的开放、发展成果的共享、投入生产的效率、国家整体的安全、经济发展的稳定八个方面，选取了78个三级指标，构建了一套较完善、科学且可行的高质量发展评价指标体系。第三，推动了高质量发展评价的测度模型更趋合理。目前关于高质量发展评价的研究所应用的综合评价方法大多只是简单地基于均等权重赋值法或者熵值法对各项指标赋权，最后再简单地将各项指标汇总为高质量发展指数。这既不能满足指标权重赋值的客观性要求，也不能满足评判方法的实际适用性。本研究采用主观赋权法和客观赋权法相结合的赋权方法，基于对高质量发展驱动机制作用机理的充分阐释，对中国以及区域的高质量发展的驱动因素进行了实证分析，推动了高质量发展评价的测度模型更趋合理。第四，从价值链升级的角度出发，建立了更加全面的工业升级评价指标体系。以往关于工业升级对工业生态效率影响的文献多集中在地域层面，本书以2005—2019年中国工业37个二级细分行业为研究对象，进行更细化的研究。研究的时间跨度更长，工业细分行业的样本更多，能够全面系统地了解中国工业发展现状，更加科学地评估中国细分行业工业升级对工业生态效率的不同影响，研究结论对促进中国工业生态效率提高、助力高质量发展更具现实指导意义。第五，创新性地探索了工业升级对工业生态效率的作用机制。本研究从工业升级的资源配置效应、技术高级化效应、溢出效应和专业化分工效应等方面，对工业升级作用于工业生态效率的路径进行了系统性理论探讨。

本研究的结论对完善高质量发展水平的测度、深化高质量发展中的工业升级及其对生态效率的影响具有重要的理论意义，对相关部门制定产业政策、推动工业绿色升级、提升中国生态环境质量具有重要的实践参考价值。

著　者

2024年8月

目录

Contents

第1章

绪 论

1.1 研究背景与研究意义

1.1.1 研究背景

2017年,党的十九大报告作出了“中国特色社会主义进入新时代”的重大判断。这一判断的重要内容是中国经济已由高速发展阶段转向高质量发展阶段,高质量发展已成为中国经济未来发展的新方向。推动高质量发展是解决中国当前人民日益增长的美好生活需要和不平衡不充分的发展之间矛盾的关键所在,也是中国实现社会主义现代化的必由之路。2022年,党的二十大报告进一步指出,高质量发展是全面建设社会主义现代化国家的首要任务,是中国式现代化的本质要求之一。因此,中国在未来发展中必须要抓住重要的战略机遇,要始终坚定不移地走高质量发展的道路。

工业是中国的立国之本,关系到国家的经济命脉。在新的历史阶段,实现工业高质量发展是经济高质量、可持续发展的重中之重。在经济向高质量发展转型的重要阶段,工业升级是促进工业高质量发展的关键环节。但中国工业部门资源需求大,能源消耗多,是环境污染的主要源头,也是生态环境规制的关键领域。在生态文明建设和经济绿色低碳转型的背景下,如何在工业升级进程中兼顾工业生态化,推动经济高质量发展,助力生态文明建设,是亟待解决的重大理论和现实问题。

在经济学理论上，要科学评估中国高质量发展中的工业升级及其生态效率，有如下一系列问题需要解答：如何科学构建出评价中国高质量发展水平的指标体系？如何客观准确测度各省区市高质量发展的水平？如何评估中国高质量发展中的工业升级？工业升级对生态效率产生了什么样的影响？工业升级通过哪些途径来影响生态效率？工业升级对生态效率的影响是否会因行业差异而有所不同？制定什么样的政策能够更好地在工业升级中兼顾和促进生态效率的提升？科学回答这些理论问题，不仅对完善高质量发展和工业升级的测度、深化对工业升级及其生态效率的认识具有重要的理论意义，而且对相关部门制定产业政策、推动工业绿色升级、提升中国生态环境质量具有重要的实践参考价值。

为了回答上述问题，本书以新发展理念为指导，从创新、协调、绿色、开放、共享、效率、安全、稳定八个方面出发，构建中国省区市高质量发展的评价指标体系；基于熵值法和计量分析方法，结合各省区市2000—2017年的相关数据，对其高质量发展情况进行测度，并动态分析全国及各省区市高质量发展水平的总体变动趋势以及在创新、协调、绿色、开放、共享、效率、安全、稳定八个方面的动态变化；运用计量经济学模型实证研究了中国经济高质量发展的驱动机制及影响因素；在深入剖析工业升级影响工业生态效率的理论机制的基础上，针对中国37个工业细分行业，分别构建工业升级与工业生态效率的评价指标体系，并评估了这些行业的工业升级及其生态效率水平；运用Tobit模型，研究了中国高质量发展中工业升级对工业生态效率的影响。

1.1.2 理论意义

本书的研究过程及研究结论具有以下两方面的理论意义。

第一，本书的研究为完善高质量发展水平的测度体系、推动高质量发展水平的评价、深入认识高质量发展的驱动因素，提供了新思路，具有重要的理论意义。基于新发展理念，本书在充分体现高质量发展基本内涵的基础上对其扩展，增加了经济运转的效率性、经济运行的安全性和经济发展的稳定性这三个方面的考察内容。高质量发展是立足于中国进入社会主义新时代的背景提出来的，但在目前相关的研究中还没有形成一个统一的指标体系。不同的学者从不同的角度出发,对高质量发展的内涵理解不同,所构建的指标体系也就有所不同。本书基于社会主义新时代的发展要求,通过对现有高质量评价指标体系构建的总结和延续,归纳出高质量发展的内涵,并对其理论内涵进行扩展,最终以新发展理念为指导,分别从创新、协调、绿色、开放、共享、效率、安全、稳定八个方面,构建了高质量发展评价指标体系,以期可以充分揭示中国及各省区市的高质量发展状况,进一步推动高质量发展水平的评价研究。同时,本书进一步完善了高质量发展水平的测度体系,为提高中国及各地区高质量发展水平提供了新思路。在考虑指标体系的科学性、动态性和数据可得性的原则上,本书采用熵值法对各省区市高质量发展水平进行测度,有利于构建具有较高可信度的高质量发展测度体系。此外,本书基于计量分析模型对高质量发展的驱动因素予以评价,可为提高中国及各省区市的高质量发展水平提供新的思路。

第二,本书在综合考虑国内外现有研究成果的基础上,通过构建评价指标体系,探究工业升级对工业生态效率的影响,在研究范围、研究方法和研究内容三个方面进一步丰富了有关中国工业升级及其生态效率的研究,具有重要的理论意义。在研究范围上,本书以中国工业部门的37个二级细分行业为研究对象,测度工业升级指数和工业生态效率,系统分析这些行业的现实发展状况,拓展了该领域的研究。在研究方法上,本书分别运用综合赋权法与Super-NSBM模型测度中国工业升级指数和工业生态效率,最后利用Tobit模型,就工业升级与工业生态效率的关系进行实证分析,充实了该领域的实证研究。在研究内容上,本书从工业升级的资源配置效应、技术高级化效应、溢出效应和专业化分工效应等方面,对工业升级影响工业生态效率的理论机制进行了系统论述,深化了对该理论机制的全面认识。

1.1.3 应用价值

第一,本书通过构建高质量发展评价指标体系、实证研究高质量发展的驱动因素,可为科学认识全国及各地区的高质量发展情况提供理论依据。具体而言,本书首先基于对高质量发展内涵的新阐释,从创新、协调、绿色、开放、共享、效率、安全、稳定八个方面出发，扩展并构建了高质量发展的评价指标体系。其次，基于熵值法分别测算并得到反映创新、协调、绿色、开放、共享、效率、安全、稳定八个方面的发展水平。再次，通过计量分析方法，实证研究了中国高质量发展的驱动因素。最后，本书对中国31个省区市的高质量发展水平进行测度与分析，并采用计量分析方法对各省区市高质量发展水平驱动因素进行了探究。这是在对中国整体层面高质量发展研究的基础上，进一步对区域层面高质量发展所做的深入分析。这不但能够为全国层面的高质量发展建设提供兼顾总体与局部的决策依据，也能够为各地区的高质量发展政策制定提供参考。

第二，在“五个文明”建设的新时代，要实现工业高质量发展，很重要的一点就是要推进工业文明与生态文明同步建设，促进工业经济增长与生态保护的动态协调发展。因此，评价工业升级的效果，研究工业升级对工业生态效率的影响，探寻符合工业经济生态化发展的政策，以及限制工业生态效率提升的相关因素，有助于准确把握中国当前工业经济发展状况，对提升中国高质量发展水平具有重要价值。一方面，本书通过构建评价指标体系，从多个维度测度并分析中国37个行业在2005—2019年的工业升级指数与工业生态效率。研究涉及范围较广，所选择的指标数目较多，时间跨度较大，有利于全面系统地了解中国工业发展现状。另一方面，本书在系统分析中国工业生态效率的演变趋势后，就工业升级与工业生态效率的关系进行实证研究分析，以期找出制约工业生态效率提升的因素，从而为探索中国工业领域的生态文明建设和促进工业高质量发展提供政策借鉴。

1.2 研究内容与研究方法

1.2.1 研究内容

第一，本书结合新时代背景，通过梳理相关文献，对中国高质量发展的内涵进行了新的阐释，在新发展理念的基础上，加入了经济运转的效率性、经济运行的安全性和经济发展的稳定性这三个方面的考察内容。第二，从创新、协调、绿色、开放、共享、效率、安全、稳定八个方面构建了中国省际高质量发展的评价指标体系。同时，基于熵值法和计量分析方法，结合31个省区市2000—2017年发展的相关统计数据，对各省区市的高质量发展情况进行评价和比较，动态分析了这些省区市高质量发展水平的总体变化趋势及其在创新、协调、绿色、开放、共享、效率、安全、稳定八个方面的动态发展变化。第三，本书从市场机制、政府作用、要素机制三个方面，阐释了中国高质量发展的驱动机制，并以高质量发展指数为被解释变量实证测度了各驱动因素的作用大小。第四，本书从工业升级的资源配置效应、技术高级化效应、溢出效应和专业化分工效应四个角度分析了工业升级影响工业生态效率的理论机制；同时通过构建中国37个工业细分行业的工业升级和工业生态效率的评价指标体系，测度并分析了中国工业升级与工业生态效率的现实情况，进而在综合考虑多种影响因素的基础上，实证探究了工业升级对工业生态效率的影响。第五，本书提出了推进中国高质量发展、促进工业升级和提高工业生态效率的相关政策启示。

1.2.2 研究方法

1. 文献归纳法

采用文献归纳法，通过阅读大量关于高质量发展、评价指标体系构建、工业升级以及工业生态效率等方面的文献资料，归纳总结重要理论和观点，为构建中国高质量发展评价指标体系以及深入分析工业升级与生态效率的关系提供坚实的理论基础。

2. 定性分析与定量分析相结合方法

通过对高质量发展、工业升级和工业生态效率的内涵界定，厘清基本概念和基础理论，并结合国内外学者的研究，深入探讨高质量发展、工业升级和工业生态效率。首先，本书从八个方面构建高质量发展评价指标体系，主要运用熵值法对高质量发展指标数据进行定量分析，得到中国高质量发展指数。其次，运用综合赋权法与构建完成的指标体系，测算中国工业升级指数，并对测算结果进行分析和解释。最后，采用Super-NSBM模型与全局参比法，测度和分析中国工业生态效率的变化和特征。

3. **综合运用理论分析与实证研究**

从全书来看，第2章和第6章为研究奠定理论基础，而第3、4、5、7、8、9章则以中国的实际数据为基础，对中国的具体情况进行实证分析。同时，本书在理论分析的基础上，采用适当的经济计量模型进行实证研究。在对中国各地区的高质量发展水平进行测度与分析的基础上，继续探究驱动中国高质量发展的因素，通过构建面板回归模型，实证检验各种因素对中国高质量发展水平的驱动作用。在探究工业升级如何影响工业生态效率时，首先对其作用机制进行了理论逻辑推演，然后选取适当的计量方法(Tobit模型)进行实证探究。本书将理论分析与实证检验有机地结合起来，既能使理论与实践相统一，又能深化对研究内容的认识与理解，从而为今后制定相关对策和措施奠定基础。

4. **综合运用横向对比分析与纵向趋势分析**

为了更加全面地了解核心变量的演变趋势及特征，本书将横向细分行业间的对比研究与纵向时间趋势上的对比分析相结合。具体而言，在第7章、第8章分析工业升级指数和工业生态效率时，不仅分析不同细分工业行业间的差异及特点，而且从时间维度上分析二者的变化趋势及特征。

1.3 研究框架

本书在高质量发展的背景下，研究如何将工业生态化提升融入工业升级进程，将遵循以下思路进行深入探究。首先，我们提出一系列问题：如何构建评价高质量发展水平的指标体系，如何测度高质量发展水平，工业升级是否有助于提高工业生态效率，工业升级可以通过哪些途径提升工业生态效率，工业升级对工业生态效率的影响是否会因不同的工业细分行业而有所不同，相关部门应该如何制定有助于工业升级促进工业生态效率提升的政策引导。其次，进行了问题分析：①阐述高质量发展和工业生态化发展的理论基础；②构建高质量发展水平的评价指标体系；③测度高质量发展水平；④剖析工业升级对工业生态效率的作用机制；⑤测度中国工业升级的现状；⑥分析中国工业生态效率的变动趋势。再次，通过实证检验来解决这些问题。最后，总结研究结果，提出相应的政策启示。

研究框架如图 1-1 所示。

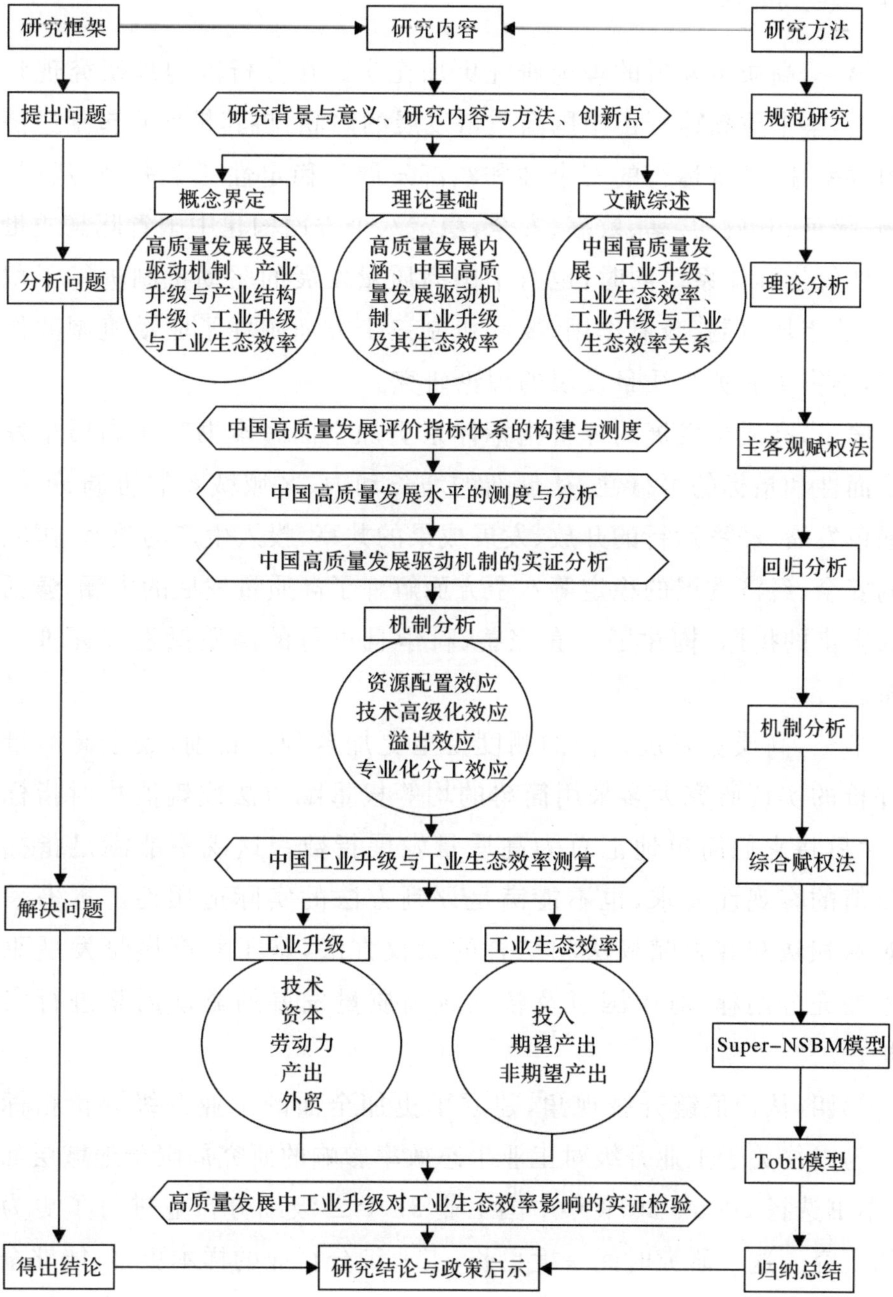

图 1-1　研究框架图

1.4 创新点

第一,高质量发展的理论研究更加充实。在分析国内外研究现状的基础上,本书重新诠释了中国高质量发展的内涵,将其扩展到包括经济运转的效率性、经济运行的安全性和经济发展的稳定性三个方面,从创新、协调、绿色、开放、共享、效率、安全、稳定八个方面构建中国省际高质量发展的评价指标体系。同时,也对中国高质量发展的驱动机制进行了积极探索,从市场机制、政府作用、要素机制三个方面阐释了驱动机制的作用机理,丰富了有关高质量发展的理论研究。

第二,高质量发展的评价指标体系更加全面。本书基于高质量发展的全面性和指标的可行性,从创新的增长动力、区域城乡的协调、可持续的绿色发展、经济运行的开放、发展成果的共享、投入生产的效率、国家整体的安全、经济发展的稳定等八个方面解释了高质量发展的内涵,囊括了更加丰富的指标,构建了一套完善、科学且可行的高质量发展评价指标体系。

第三,高质量发展评价的测度模型更加合理。目前,关于高质量发展评价的实证研究大多采用简单的均等权重赋值法或熵值法对指标赋权,然后将它们简单地汇总为高质量发展指数。这既不能满足指标权重赋值的客观性要求,也不能满足评判方法的实际适用性。本书采用主观赋权法和客观赋权法相结合的赋权方法,基于对高质量发展驱动机理的充分阐释,对中国以及各区域高质量发展的驱动因素进行实证分析。

第四,从价值链升级视角,建立了更加全面的工业升级评价指标体系。与以往关于工业升级对工业生态效率影响的研究局限于地域层面不同,本书选择 2005—2019 年中国工业 37 个二级细分行业进行了更为详细的研究。这一研究时间跨度更长、工业细分行业的样本更多,能够全面系统地了解中国工业发展状况,更加科学地评估中国不同细分行业的工业升级对工业生态效率的异质性影响,研究结论对促进中国工业生态效率提高和助力高质量发展更具现实指导意义。

第五，深入分析工业升级对工业生态效率的作用机制。本书从工业升级的资源配置效应、技术高级化效应、溢出效应和专业化分工效应等方面对工业升级作用于工业生态效率的影响路径进行了系统理论探讨，为后续研究做铺垫。

第2章

概念界定、理论基础与文献综述

2.1 概念界定

概念界定是分析问题的逻辑起点。本节将对中国高质量发展研究中所涉及的相关概念进行界定,从而明确本书的研究范围与研究内容。

2.1.1 高质量发展

在社会主要矛盾快速转变的同时,中国经济发展也进入了新的阶段。中国经济发展的主要目标已不再是高速的经济总量增长,而是要在经济发展保持一定增长速度的前提下,全力推动实现高质量发展目标。基于此,本书将高质量发展的基本内涵理解为以下几个方面。

其一,高质量发展内涵的第一个方面是创新成为主导驱动力。依靠劳动力、能源等低成本优势资源拉动经济增长的传统发展模式,已不再适应经济全球化背景下中国新旧动能顺利转换、产业结构优化升级、新兴产业培育壮大、传统产业向绿色低碳发展转型等需求。随着中国人口老龄化现象的日益加重,中国人口优势逐渐消失,经济总量增速也逐渐放缓。此外,过去盲目追求经济高速增长所造成的能源浪费、资源短缺、产能过剩、环境污染等问题也越来越严重。因此,现阶段必须大力鼓励创新,激发创新热情,让各部门努力创造新技术、新产品、新模式、新业态等新经济要素,更高效地推进产业结构的优化升级、加快新旧动能的转换进程,最终实现从高成本低收益的传统发展模式转向依靠创新驱动的“低投入、高效益、低污染”高质量发展模式。

其二，高质量发展内涵的第二个方面是协调成为内生特征。过去中国发展取得了一些显著成就，但区域发展不平衡、产业结构不合理、城乡发展不协调、物质文明和精神文明发展不协调等问题日渐明显，成为现阶段高质量发展亟待解决的突出问题。因此，高质量发展内涵的第二个方面就是要解决过去发展过程中造成的产业结构不合理、城乡发展不协调、区域间发展不平衡等不协调性问题，通过补短板、调比例、优结构来实现协调发展。

其三，高质量发展内涵的第三个方面是绿色成为普遍形态。过去生产者对自然资源的需求不断增加、没有节制地浪费资源能源、肆意地向大自然排放各种污染物，导致中国的生态环境问题日益严重。此外，土地荒漠化、植被破坏、水土流失等环境问题日益突出，这不仅成为中国经济可持续发展的巨大障碍，也严重破坏了人与自然和谐相处的关系，阻碍了人民对美好生活向往目标的实现。因此，高质量发展内涵的第三个方面就是要加强资源能源节约、生态环境防护、环境污染防治、生态系统恢复等，实现经济、社会、生态等多维度协调发展，使绿色成为高质量发展的重要标志和普遍形态。

其四，高质量发展内涵的第四个方面是开放成为必由之路。之前，中国主要依靠增加商品和服务供给来实现经济快速增长，但依靠这种增长机制的发展模式已不能满足中国当前的经济发展需要。过去以供给为主导的经济发展模式积累了大量过剩产能，同时内需不足已成为制约中国当前经济增长的主要因素。此外，过去重数量轻质量的发展模式也导致了一系列问题，成为当前经济发展的另一个障碍因素。通过对外开放，使生产要素、商品和服务在国际市场上流动，不仅可以通过开拓国外市场解决目前国内产能过剩的问题，缓解国内需求不足导致的经济增长放缓压力，还可以使社会资源得到更优化的配置，使中国可以从国际市场获取丰富的生产资源和能源，从而为经济增长注入新的动力。因此，与以往的粗放型发展模式不同，高质量发展必须走经济开放型道路，在解决产能过剩问题的同时，为新一轮的经济增长注入动能。

其五，高质量发展内涵的第五个方面是共享成为根本目的。以人民为中心，始终是中国坚持的发展思想；实现共同富裕和社会公平正义，也是中国共产党一贯的追求目标。改革开放以来，中国经济发展取得了巨大成就，但要让全民共享经济发展成果、共享社会福利的伟大目标尚未实现。虽然中国的经济总量已位居世界前列，但中国的人均收入远远落后于发达国家，城乡居民人均收入差距大、城乡发展不协调、偏远地区人民受教育程度低、社会保障享受不均等现象是目前中国发展必须解决的问题。因此，现阶段要以共享经济发展成果为根本目标，以最终实现人民共同富裕为终极目标，积极推动中国高质量发展。

其六，高质量发展内涵的第六个方面是效率成为核心要求。高质量发展的显著特点在于生产要素在生产、分配、交换、消费等环节中的高效使用和配置。经济增长所需的所有物质生产要素都是有限的和稀缺的，高投入、高消耗、高污染发展模式所实现的经济增长属于低质量经济类型，而高效率、低成本、高质量、低排放发展模式所实现的经济增长才属于高质量经济类型。所以，在经济发展过程中，国家必须不断调整和转变生产方式，即通过优化要素组合、提高要素生产效率等方式来实现经济的高速增长。这具体表现为生产要素集约利用率高、生产要素投入少、产出效率高、产品附加值高、资源配置效率高、劳动生产效率高、投资效率高、全要素生产率高、经济效益好，即用等量或少量的资源投入获取更多的社会财富。

其七，高质量发展内涵的第七个方面是稳定成为发展基础。国民经济平稳运行是经济健康发展的基础。经济运行越平稳，整个经济发展的稳定性就越好，生产要素就会得到更加有效的配置与利用，经济发展质量就更高。因此，高质量发展的基本特征是在保持中高增速的基础上实现经济持续稳定增长。衡量经济运行稳定性的一个重要指标是经济波动率。经济波动的幅度越大，经济波动率就越大，经济发展的稳定性越差。从长远来看，中国的经济增长需要保持相对平稳，经济增速需要保持在合理区间和避免大幅波动，这是高质量发展的重要保障。合理的宏观政策和稳定的金融环境是中国经济保持稳定增长的关键。追求经济的过快增长、过度投资和过度发展规划，都容易导致经济增长的不稳定。在中国经济处于“换挡调速”的大背景下，宏观政策要奉行稳健的经济运行方针，制定符合国情的社会发展规划，使投入产出效益逐步稳定提高。

其八，高质量发展内涵的第八个方面是安全成为重要保障。国家经济安全是指一个国家的国民经济发展和经济实力处于不受根本威胁的状态，在经济全球化背景下，能够保持能源资源的有效供给、经济体系的独立稳定以及整体经济福利不受恶意侵害等。随着经济全球化和信息化的深入发展，可持续发展的压力越来越大，国家经济安全与传统军事安全一样，越来越受到全球各国和普通民众的广泛关注，国家经济安全成为高质量发展的一个基本内涵。

2.1.2 中国高质量发展驱动机制

借鉴已有高质量发展驱动机制的代表性定义，本研究认为推动高质量发展的驱动机制是通过市场机制、政府作用和要素机制共同促使高质量发展的各种动力要素相互作用，最终形成驱动高质量发展的有效运行模式。

1. 市场机制

市场机制是指通过市场竞争的方式配置资源，即通过自由竞争和自由交换的方式，在市场上实现资源配置的机制。它是价值规律的实现形式。市场的微观经济作用表现在降低能耗、节省资本等方面，其宏观经济作用主要表现在有效配置资源的功能上。在要素配置环节，市场有着降低成本、把要素有效配置给对应主体的作用。供需两端通过市场机制进行有效衔接，使得市场主体可以通过竞争机制与价格机制有效配置各种社会产品与资源，从而实现高质量发展。

市场机制是市场供求关系、价格关系、竞争关系、风险关系等的总和，是各种关系相互作用的循环运动过程。市场机制在发挥作用的过程中，形成商品经济最重要的供求规律、价值规律、竞争规律、风险规律等，共同推动着资源配置优化升级。如果市场机制受到破坏、相互关系失去平衡，就会造成资源配置的低效率和低效益。换句话说，市场机制就是指市场机制体内的供求、价格、竞争、风险等要素之间互相联系及作用的机理。市场机制是一个有机整体，其主要构成部分有价格机制、供求机制、竞争机制和风险机制。

1)价格机制

价格机制是指在市场竞争过程中，某种商品的市场价格变动与该商品供求关系变动之间的有机联系的运动。它通过市场价格信息来反映供求关系，并通过这种市场价格信息来调节生产和流通，从而实现资源配置。

在社会主义市场经济的背景下，市场在资源配置中发挥着决定性作用。价格机制是市场机制的基本机制，价格机制在中国经济高质量运行和发展中发挥着多方面的作用。一是价格机制能够传递市场信号。随着价格机制的不断完善，价格可以及时有效地反馈市场供求关系，反映生产要素的相对稀缺性，从而为企业决策和国家宏观政策的制定提供准确有效的经济信息，促进整个社会资源的合理配置，促进经济发展方式的转变。二是价格机制能够调节消费。总体物价水平的变动可以调节市场消费需求的规模，商品比价体系的变动又可以促进市场消费需求的方向和消费结构的转变。因此，积极合理的价格机制能够引导消费者合理消费，提高生活水平。三是价格机制能够调整收入分配，缩小不同群体之间的收入差距。价格水平决定了生产者和消费者的经济利益，任何价格变动都会引起不同部门、地区、单位和个人之间经济利益的重新分配和组合。价格机制主要通过以上三个方面来促进高质量发展。

2)供求机制

供求机制是指商品的供求关系与价格、竞争等因素之间相互制约和联系而发挥作用的机制。它通过市场价格信息反映供求关系，通过价格、市场供需量等市场信号来调节社会生产和需求，最终达到供求基本平衡。

供求机制在社会经济的运行和发展过程中发挥着重要作用。供求机制能够调节商品价格、商品生产与消费的方向和规模，供求结构变化可以促使生产和消费结构的变化。一般来说，供求机制和价格机制在作用和功能上是基本一致的。供求机制对社会经济最直接的作用体现在如下四个方面：第一，供求机制调节总量平衡。供过于求时，部分商品的价值无法实现，迫使一些滞销企业压缩或退出商品生产；供不应求时，商品价格将上涨，会吸收更多投资以增加生产，最终实现供求总量平衡。第二，供求机制调节结构平衡。供求机制通过“看不见的手”调节生产资料和劳动力在不同部门之间进行合理转移，从而实现经济结构平衡。第三，供求机制调节区域间平衡。它使得统一市场的各个区域调剂余缺、互通有无，实现总量平衡和结构平衡。第四，供求机制调节时间平衡，它鼓励部分劳动者从事跨季节、跨时令的生产经营活动，在一定程度上满足了市场需求，缓解了供需矛盾。供求机制主要就是通过调节上述四个方面的平衡来促进高质量发展。

3）竞争机制

竞争机制是市场机制的内容之一，是商品经济活动中优胜劣汰的手段和方法。它是指各市场主体在进行资源配置时，为了实现自身利益最大化而进行的竞争性行为。这个过程决定了经济体系中的优胜劣汰。市场经济是竞争经济，在市场经济中，每个市场主体都在为自身利益而竞争，并因市场竞争而产生动力。

竞争机制按照优胜劣汰的原则，采用价格或非价格手段来调节市场交易行为。竞争机制是形成市场主体活力和发展动力的源头，从根本上决定市场体系中资源配置的效率。市场竞争机制以比较优势为基准，以稀缺性为核心，以提高效率和效用为根本目的，通过多种竞争形式进行。充分有效的竞争关系是市场机制发挥作用的重要条件。竞争机制在市场经济运行和发展中发挥着重要作用，主要体现在三个方面。一是提高资源使用效率。竞争机制引导劳动力和资本在经济生活领域里合理流动，寻求生产要素的最优组合以提高效率，使得市场机制实现资源配置。二是刺激社会生产力的发展。竞争虽然给企业带来压力，但也是发展动力，它可以促使企业为了自身的生存和发展而努力改善管理、改进技术、降低成本、提高质量、开发新产品，从而提高劳动生产率，推动全社会生产力水平不断提高，推动高质量发展。三是调节供需关系。竞争机制鼓励生产者根据市场需求组织安排生产，使生产与需求相适应；鼓励消费者根据市场供给选择消费，使消费与供给相适应。

4)风险机制

风险机制是风险、竞争、供求共同作用的原理。面对利益，风险作为一种外在压力同时作用于市场主体，与竞争机制同时调节市场供求。风险机制是市场机制的基础机制。在市场经营中，所有企业在从事生产经营中都会面临盈亏和破产的风险。价格机制可以影响风险机制，价格波动可以促使企业敢于承担风险、追逐利润。

风险机制是将市场活动与企业盈亏、破产等联系起来并发挥作用的机制。在产权明晰的条件下，风险机制对经济发展起着至关重要的作用。一是促进资源实现最佳配置。任何经营活动都有风险，市场经济的风险机制明确了企业为自身经营活动承担风险、自负盈亏。为了避免风险，企业会将资源配置到效率最高的地区和部门，实现资源最佳配置。二是市场运行的约束机制。竞争可能带来巨大亏损乃至破产的压力，促使市场主体努力改善经营管理、增强市场竞争力、提高自身调整和适应经营风险的能力。风险与竞争不可分割，没有竞争就没有风险，没有风险也就没有竞争的必要。竞争有风险，风险预示着竞争，风险机制和竞争机制相辅相成，共同推动高质量发展。

2.政府作用

在中国社会主义市场经济体制下，界定市场机制和政府作用的一般原则为：在市场机制能充分发挥作用的地方，就让市场机制在经济运行中充分发挥其调节作用，在市场机制不能发挥作用或不能充分发挥作用的地方，才需要发挥政府的经济作用。政府的经济作用是指政府从社会经济生活的宏观角度，履行全局性规划、协调、服务和监督国民经济的职能，是为达到一定目的而采取的组织和干预社会经济活动的方式、方法、手段的总称。

在中国经济发展的过程中，由于市场经济还不发达，市场机制在资源配置中的作用还不能充分发挥。所以，政府主要发挥三种经济作用：一是调节收入分配，二是调控宏观经济，三是规范市场运行。

1）调节收入分配

发挥政府调节收入分配的作用，是指政府在一定时期内，通过各种政策工具，参与国民收入的初次分配和再分配，实现收入在全社会各部门、地区、单位，以及社会成员之间进行合理划分，缩小收入差距，促进社会公平。市场经济可以通过市场竞争机制解决效率问题，但很难解决收入分配问题，特别是地区发展严重不平衡、两极分化等问题。

政府能够通过征收个人所得税、制定社会保障政策等措施，重新调整居民收入分配，对社会财富的分配进行再调整，从而缓解因收入分配严重不均而引发的社会矛盾，降低经济发展的摩擦系数，为社会经济的高质量发展提供良好的社会氛围。

2）调控宏观经济

发挥政府调控宏观经济的作用，是指国家按照市场经济的一系列规律，运用调节手段和机制，优化资源配置，让微观经济运行拥有良性的宏观环境，达到宏观平衡，实现经济持续、稳定、协调增长，使市场经济能够正常运行和均衡发展的过程。一个国家要想实现国民经济正常运行，就必须保证经济的供求平衡。仅靠市场机制并不能防止宏观经济失衡，而且不能充分发挥市场机制的作用也会诱发宏观经济失衡。此时，政府必须实施干预，实行宏观调控政策，使经济稳定发展。

政府发挥调控宏观经济的作用对实现中国高质量发展有着非常重要的意义。一是政府可以规划整体经济，布局重大领域。政府能够采取相应措施去克服经济发展过程中的重大失衡问题，如严重的通货膨胀、巨额外债负担、经济大起大落等问题。二是政府能够解决“市场失灵”问题。市场机制不能在某些领域中发挥作用，必然会影响资源在这些领域的有效配置和充分利用，制约这些领域的经济运行效果，也会影响其他领域的经济运行效果，从而破坏整个经济体系运行。政府能够积极介入这些领域，维护和补充市场机制的不足，建立一个运行良好的经济体系。三是政府可以提供公共物品。公共物品的非竞争性、非排他性特征，使得仅依靠市场机制的作用会造成公共物品无人生产或生产不足的后果，而公共物品的有效供应是国民经济发展和资源有效配置的必要条件，所以提供公共物品的责任必须由政府承担，包括基础设施投资、公共事业投资、社会公共物品及福利政策提供等。总体来说，政府能够通过宏观调控，制定发展规划和产业政策，从而协调区域经济发展，控制人口增长，保护生态平衡，实行社会保障制度，最终保持经济平衡，促进高质量发展。

3)规范市场运行

发挥政府规范市场运行的作用，是指运用法律法规中明确规定的市场主体之间的权利和义务关系，为市场经济的正常运行提供必要的保障。由于市场经济是自由经济、利己经济，利益关系会促使部分经济活动主体采取不正当的竞争手段牟取私利，损害整体经济运行的效率。

政府可以通过制定法律和市场规则来规范全部市场主体与市场行为，维护市场经济中公平交易、公平竞争的市场环境。科学合理的政府决策行为可以实现如下市场管理目标：第一，努力维持市场供求平衡，引导各类经济主体向市场均衡靠近，既要防止总需求膨胀，又要避免总需求不足。第二，提供科学、及时、有效的市场信息，正确引导市场主体选择机会。第三，使市场行为透明化，市场管理法治化。市场行为的透明化，可以使市场规则的贯彻和检验能够顺利进行；依靠法治手段调节市场行为，可以保证法律的强制性和严肃性，加大对违法违规行为的处罚力度，使违规的成本大于违规的收益，从而限制和杜绝违规行为。

总而言之，政府可以通过实行各种政策和配套措施助力经济市场化。由于社会历史条件在经济市场化过程中的制约作用，政府必须在经济管理中发挥培育市场的宏观调控作用。政府在消除市场经济发展的限制因素、创造市场经济稳定发展条件方面起着举足轻重的作用。

3. 要素机制

自然资源禀赋、生产要素配置是经济增长的基础，正确认识和实施生产要素配置对于经济发展至关重要。要素配置与经济增长有着重要的联系，要素配置是国家经济发展方式的根本体现，并且要素配置状况在很大程度上决定了当时的经济发展水平。高质量发展的要素驱动机制，本质上取决于三个方面的因素：一是自然资源的初始储量，即自然资源禀赋；二是要素投入量的增加，即要素投入；三是生产要素配置效率的提高，即要素升级，包括除要素投入以外的其他引起生产函数发生变化而使经济增长率提高的因素。

1）自然资源禀赋

自然资源禀赋是指在一定的时间和技术条件下，可以产生经济价值，改善人类现阶段和未来福祉的自然环境因素的总称。其按属性可以分为生物资源、农业资源、国土资源、森林资源、矿产资源、气候气象、海洋资源、水资源等。

自然资源是人类生存和发展的基础。自然资源禀赋特征在整个社会经济发展历程中十分重要，尤其是在工业革命初期。丰富的自然资源与财富增长是紧密相连的，广阔的国土和优越的自然资源禀赋也是中国改革开放以来经济保持长期高速增长的重要原因之一。一个地区的自然资源禀赋特征通过多种机制影响该地区的经济活动和人口分布，这些自然地理条件又将对该地区的社会规范程度、文化底蕴和机构组织的发展产生长期影响。

自然资源禀赋对经济发展有着重要的推动作用。一是自然资源禀赋能够决定市场上的供给垄断地位和定价话语权。丰富的自然资源储量有利于获得市场话语权，能够更好地控制供需状况，制定交易规则，获得更快捷、更准确的市场信息，从而促进经济快速增长。二是优越的自然资源禀赋有利于吸引外资。由于充裕的自然资源，企业可以通过降低价格的方式降低生产成本，吸引外来资本，提升其产出水平。三是最优产业结构是由自然资源禀赋结构所决定的。不利的地理位置、贫瘠的自然资源禀赋条件会在某种程度上制约一个地区的经济增长速度和产业发展模式。在经济发展的初期，特别是在依靠粗放型的大量投入拉动经济增长的阶段，自然资源禀赋是推动经济增长的中流砥柱。许多西方发达国家的早期战争和殖民扩张都旨在攫取更多廉价的自然资源要素，以拉动其经济增长。但随着科技和生产力的不断发展，自然资源禀赋对经济增长的促进作用将越来越小。

2)要素投入

要素投入是指生产要素投入的数量增加，如劳动力、资金、土地等资源的投入就属于要素投入。要素投入在经济发展过程中始终发挥着重要作用。一是要素投入量的增加可以引起产出增加。在生产函数和经济增长理论中，要素投入量的增加能够引起产出增加或促进经济增长。粗放型经济增长方式就主要通过增加资金、资源的投入来增加产品数量，促进经济增长。一般而言，粗放型经济增长是在经济发展的初期阶段，物质要素较为宽裕时常用的经济增长方式。二是要素投入量的增加可以通过影响产业结构来推动经济发展。生产要素的投入量达到一定阶段，产业结构将随之发生相应的变革。各个产业内的要素投入差异加大，由此影响产业的产出与资源配置效率，进而对经济增长产生影响。在过去，中国的经济增长主要通过大量投入资本、能源、原材料和劳动力来推动。

3)要素升级

要素升级主要是指将同质要素划分为与其投入相对应的不同质量水平要素，其中涵盖了知识增长、技术进步、人力资本、信息化水平等因素(匡小明，2019)，这些因素以其质量的提升作为衡量经济增长影响的重要标准。新经济增长理论将技术进步视为经济系统的内生变量，从而突破了传统经济增长理论所依赖的基于资本、劳动力等要素禀赋和要素投入增长的研究框架。由于要素投入常常会经历要素报酬递减和要素增速减缓的阶段，这必然导致经济增长速度的放缓。要想长期保持较高的经济增长速度，仅依赖要素投入是无法实现的，必须通过要素升级，改变生产可能性曲线，以实现在相同要素投入下获得更高水平的经济增长。

要素升级一般有四种具体表现形式：一是推进技术进步，包括对现有技术的改进和新技术的发明。二是提升人力资本，包括劳动力的知识水平、劳动技能和其他各种素质的提升。三是促进知识增长。随着知识经济时代的到来，知识被公认为现代经济发展的最重要资源和动力。四是推进信息化。对各种要素的信息化改造,不仅可以大幅降低生产要素的交易成本,还可以大幅提高生产要素的效率。

2.1.3　产业升级与产业结构升级

在已有研究中,许多学者常常将产业升级和产业结构升级混为一谈。但实际上,这两者在本质上存在着差异,同时又密切相关。首先,二者有显著的区别。一方面,二者强调的主体不同。产业结构升级强调的主体是产业结构,而产业升级强调的主体是单个产业。另一方面,二者包含的内涵不同。产业结构升级是指产业结构从较低层次向较高层次转化的过程,而产业升级是指单个产业的演变过程。其次,二者有密切的联系。产业升级为产业结构升级的质变提供量变的基础,最终实现产业结构的整体升级(姜泽华 等,2006)。

具体而言,产业结构升级是指产业结构中各产业的相对比例关系朝着更有利于高质量发展的方向转变。它强调跨行业的调整(李子伦,2014),通过反映经济中各产业所占比重的变化,来展现产业转型升级的情况。单个产业的发展状态影响着其在产业结构中的相对位置,而多个产业的共同发展必然导致各个产业的相对位置发生改变,推动产业结构朝着更有利于高质量发展的方向转变,进而实现产业结构的升级。

而产业升级则强调在单个产业中,通过改进各种投入要素、提高生产效率、提升产品质量以及优化产业链所带来的产品附加值的提高(陈羽 等,2009)。微观上,它强调企业通过改进各种生产要素的配置、改进经营模式和提高产品质量等方式来提高产品附加值。宏观上,它是指单个产业中产品平均附加值的提升。单个产业中的不同企业会通过增加企业利润率和边际收益来推动其产品附加值提升,最后驱动整个产业产品平均附加值提高,从而实现产业升级。

2.1.4　工业升级

在对产业升级与产业结构升级的概念进行了明确区分后,工业升级的内涵就不难理解了。工业升级是指在工业部门中,通过优化各种生产要素、提升工业企业的生产效率、提高工业企业的产品质量以及优化工业产业链，最终实现工业产品附加值的提升。

无论何种层面的工业升级，都可以具体表现在以下五个方面(潘冬青等，2013；张彦彦，2021)：一是技术升级，即反映工业生产理念和模式的升级，它可以带来工业生产成本的降低，还可以推动供给结构与消费需求的改变。二是资本升级，即促进资本优化配置，通过增加利润和改进资本结构，有效降低工业企业的经营风险。三是劳动力升级，即体现工业行业的就业创造能力，为技术升级提供持续动力。四是产出升级，即通过提升生产管理效率和产品附加值，体现企业的核心竞争力。五是外贸升级，即引入新的要素和资源，有利于吸引外资、促进就业以及引进高新技术，从而推动中国现代企业制度的建立和完善。

上述几个方面中，技术升级是推动工业升级的核心动力，资本升级是工业升级的保障，劳动力升级是工业升级的基础，产出升级是工业升级成果的集中体现，外贸升级是工业升级的外部助推因素。

2.1.5 工业生态效率

在经济学领域，“生态效率”被视为在确保经济发展的前提下，兼顾生态环境保护的生态经济效率。Schaltegger 等(1990)提出了生态效率的定义，强调将环境污染的影响降到最低限度，实现经济效益最大化。世界可持续发展工商理事会(WBCSD)对生态效率的概念进行了进一步解释，认为生态效率是在尽量减少对生态不利因素的基础上，为人类提供高质量的绿色产品或服务，以满足人类对美好生活的需求。经济合作与发展组织(OECD)认为，生态效率是为了有效利用各类自然资源以满足人类生产生活的需要。可见，生态效率体现了经济产出、环境污染和资源投入的动态协调发展。

综上所述，结合相关研究(李贝歌 等，2021)，本书认为，工业生态效率是在保障资源有效利用和环境不受破坏的前提下，实现工业经济效益的最大化，以最大限度地满足工业经济与生态效益的动态协调发展需求。换句话说，工业生态效率的基本思想就是以最少的自然资源和能源要素投入以及最小的生态代价，最大限度地提高工业产品或服务的价值，从而使工业部门实现经济和环境效益的协调发展。

2.2 理论基础

2.2.1 高质量发展内涵的相关理论基础

1. **经济增长理论**

当经济增长的“量”达到一定高度时，以丰厚的物质积累为基础，经济发展的目标才会转变为追求“质”，并致力于实现高质量发展。因此，高质量发展的研究仍需关注经济增长。随着学者研究的深入，经济增长理论逐渐完善，英国古典经济学家亚当·斯密(1972)在其著作中探讨了国民财富的本质，认为形成劳动分工和有效资本积累是经济增长的来源。熊彼特(1990)认为自主创新是企业实现利润最大化的有效动力，也是经济增长的源泉。而哈罗德和多马建立了哈罗德-多马模型，提出只有保持资本投入产出比与经济增长率相等，经济才能实现有效增长。新古典经济学派代表人物索罗和斯旺改进了哈罗德-多马模型，他们认为技术进步和劳动力增长会长期影响经济增长，在资本边际报酬递减规律的作用下，人均产出会在一个稳定的水平状态下收敛。若缺少技术进步与劳动力自然增长等外生因素的影响，经济将趋于停滞。随后，罗默和卢卡斯提出的内生增长理论将技术进步视为经济增长的内生变量，认为技术进步可以提高收益规模，从而使得边际生产率递增，促进经济增长。卢卡斯在《论经济发展的机制》中将人力资本作为独立变量引入内生增长模型，强调知识溢出的外部性，认为人力资本的积累和学习效应推动了经济发展的转换。

2. **可持续发展理论**

在第一次和第二次工业革命之后，西方国家经济飞速发展，但随着人口压力的增大和能源的过度消耗，生态环境日益恶化，经济增长方式与生态环境之间的矛盾引起了人们的关注。1962 年，《寂静的春天》一书描述了化学杀虫剂对生态环境产生的难以逆转的危害，引发了人们对社会发展方式和自然环境之间关系的思考。1972年，致力于探讨全球未来问题的罗马俱乐部发布了该组织的第一个研究报告《增长的极限》，提出了低碳经济和生态足迹的思想，为可持续发展理论的诞生奠定了基础。1987年，世界环境与发展委员会发布的《我们共同的未来》报告是环境与发展思想的关键飞跃，引起了世界各国的广泛关注。该报告将可持续发展定义为“既满足当代人的需要，又不危害后代人满足其需要的能力的发展”。1992年，联合国环境与发展会议通过了《关于环境与发展的里约热内卢宣言》和《21世纪议程》，倡导世界各国着手制定和实施可持续发展战略的实际行动，共同维护全球生态环境与人类社会经济发展之间的平衡。

可持续发展理论将生态、经济、社会视为一个有机整体，认为可持续发展是生态平衡与人类进步、经济发展与资源消耗互相协调的发展，保持这三方面平衡的发展，才是可持续的发展。如今，可持续发展已经成为全球的共同行动战略，它不仅是全人类未来持续稳定发展的规划，也是各国经济实现可持续增长的重要保障。可持续发展的定义强调了两个方面的内容：一是认为经济增长不仅能够为人类提供必要的物质资源保障，而且能够为生态环境的保护提供相应的技术与资金支持。二是强调经济、社会与生态系统间的动态协调发展，将共同、持续、公平、高效发展作为基本原则。具体而言，共同发展强调系统之间是相互联系的，以实现经济与生态的一体化发展为目标；协调发展强调内部各个系统的动态协调发展；公平发展强调代际与地区间的公平；高效发展强调在追求经济增长的同时，使资源消耗和环境破坏程度降到最小。

可持续发展要求经济和社会在发展过程中不应超出资源与环境的承载力。因此，人们必须改变原有高污染、高消耗的生产生活方式，有效整合现有资源。例如，推动清洁能源替代污染能源，这样不仅可以保持经济的持续发展，而且可以从根本上保护生态环境。可持续发展理论与工业生态效率的核心思想相同，均以有效利用资源、降低环境污染为目标，也为工业生态效率的研究提供了相关理论支撑。通过评价与分析，我们可以更加系统地了解工业发展对生态环境的影响，从而减少不必要的资源浪费，为实现高质量发展提供一定的参考。

3. 科学发展观

传统的经济发展观主要将经济增长作为衡量经济发展的标准，以国内生产总值(GDP)来衡量一个国家或地区的经济发展状况。在这种衡量标准下，国家或地区越来越关注经济总量的增长，却常常忽略了经济发展的最终目标：实现社会的整体繁荣，提高人民生活质量，以及实现生存环境的可持续发展。在传统经济发展观的引导下，虽然人们一次次创造了财富，但随之而来的是贫富差距的不断拉大，自然资源的不断耗竭，人民幸福指数下降。

2003 年，胡锦涛同志提出了科学发展观，其第一要义是发展，核心是以人为本，基本要求是全面协调可持续，根本方法是统筹兼顾。如今，过于强调经济总量的增长和产值增长速度的经济发展模式已不再适应中国的国情，追求经济发展质量已成为中国经济发展转型的关键。科学发展观为中国经济发展赋予了新的内涵、目标和价值标准。

4. 新发展理念

2015 年，习近平总书记在党的十八届五中全会第二次全体会议上明确提出了创新、协调、绿色、开放、共享的新发展理念。这一新发展理念符合中国的国情，顺应了时代要求，对于破解发展难题、增强发展动力、巩固发展优势具有重要的指导意义。创新、协调、绿色、开放、共享的新发展理念，是管全局、管根本、管长远的指导原则，具有战略性、纲领性和引领性。新发展理念为中国长时期的发展思路、方向和重点指明了方向，要深刻理解和准确把握其科学内涵和实践要求。

创新发展着力解决发展动力问题。中国创新能力不强，科技发展水平普遍不高，科技支撑经济社会发展的能力不足，科技对经济增长的贡献率明显低于发达国家水平。协调发展着力解决发展不平衡问题。在经济发展相对滞后的阶段，主要任务是追求高速发展，但随着发展进程推进，就要注意调整关系，注重发展的整体效能。绿色发展着力解决人与自然和谐问题。中国资源约束趋紧、环境污染严重、生态系统退化的问题十分严峻，人民对清洁空气、安全饮食、优美环境的需求越来越强烈。开放发展着力解决内外联动问题。中国对外开放水平相对较低,利用国内外市场和资源的能力还不够强,应对国际经贸挑战以及争夺国际经济话语权的能力还比较弱,需要加快改善。共享发展着力解决社会公平正义问题。中国经济发展的“蛋糕”不断做大,但收入分配不均问题比较突出,城乡收入差距以及区域公共服务水平差距较大。在共享改革发展成果方面,无论从实际情况还是制度设计都需要进一步完善。

2.2.2 中国高质量发展驱动机制的相关理论基础

任何一种思想的形成都有其现实条件和理论基础,新时代高质量发展理论也是如此。它不仅继承了马克思、恩格斯、列宁关于经济发展的动力理论,还吸收了中国建设和改革中几代领导人关于经济发展动力的理论,并在新时代中国具体实践的基础上,形成了对于高质量发展动力问题的理性认识,并随着时代发展不断发挥着借鉴和指导作用。

1. 马克思和恩格斯关于经济发展的动力理论

马克思、恩格斯的政治经济学理论是中国经济发展的指导思想和理论基础,社会发展动力理论是新时代培育中国高质量发展动力机制的思想源泉和理论依据。

1)社会基本矛盾是发展的根本动力

马克思和恩格斯认为,社会经济发展的动力是客观存在的。生产力和生产关系、经济基础和上层建筑之间的矛盾是社会的基本矛盾,也是社会发展进步的根本动力。这两对矛盾相互作用与反作用,不断变化发展,共同推动着社会经济的进步与发展。对于经济发展的动力,既要分析生产力的各要素,探索社会生产过程的各环节,又要从生产关系内部、生产力与生产关系之间的矛盾中去寻找。此外,经济基础和上层建筑之间的矛盾对促进社会发展具有重要作用。马克思和恩格斯有关经济发展动力的重要理论内容,为中国高质量发展提供了宝贵的思想理论基础。

2)人民群众是发展的主体动力

人民群众是社会历史的创造者,也是社会发展的主力军和主体动力,在社会发展过程中发挥着重要的创造作用。在社会历史的进程中，一切革命变革和社会矛盾的解决都由人民群众发挥着集体作用，是人民群众不断实践的结果，社会的进步与发展离不开人民群众的共同努力。人民群众中最稳定的主体部分通常是从事物质资料生产的劳动群众及知识分子，他们对社会的发展和进步起着推进和引领作用。

3)需要是发展的动力源

马克思认为："没有需要，就没有生产。"人类为了满足自身生理和生存的需要，就必须从事物质资料的生产活动。一方面，通过物质资料的生产，人类的需求得以满足，这种初级需求受到生产力水平的限制；另一方面，需求也反过来影响生产，人类新需求的产生又推动新的物质生产。消费是构成生产和再生产的一个环节，社会经济在人类需求得到不断满足的过程中向更高程度发展，所以社会也在永无止境地发展。因此，需要与生产之间的矛盾运动是推动社会发展的动力源。

4)科学进步是发展的推动力

马克思认为，生产力的发展也来源于智力劳动，特别是自然科学的发展。随着科学技术的发展和应用，劳动资料与劳动工具得到不断更新，机械化和工业化水平提高，生产方式发生变革，劳动生产率普遍提高。同时，通过教育与科研部门的人才培养和成果应用，劳动者的素质得以提高，使得生产力在质量和数量上得到快速发展。此外，与自然科学技术结合产生的管理科学技术已进入社会生产领域。通过先进的管理技术和组织方式，生产决策更加科学、生产过程更加有序，能够促进生产力各要素的优化组合，从而使生产力体系更加优化并持续良性运行。

5)合力是发展的动力系统

恩格斯认为，社会经济发展不是由某个单一因素单独决定的，各因素相互作用，形成无数相互交错的力量，最终汇聚为一个总的合力，这个"合力"决定了历史的方向和进程。决定生产力的合力包括：工人的熟练程度、科学的发展水平和应用程度、生产过程的社会结合、生产资料的规模和效能以及自然条件等。这些因素在生产力发展中的相对地位和作用各不相同。自然条件是生产力发展的基础，科学技术是生产力发展的先导，劳动者的受教育水平是生产力发展的保障，生产过程的社会结合是生产力发展的经济条件，生产资料的规模扩大和效能提高是生产力发展的重要手段。这些要素有机结合，形成一个整体和系统，共同作用于生产力的发展。

2. 列宁关于经济发展的动力理论

列宁提出要大力发展生产力，积极调整经济政策，通过改革解决经济发展问题。这些思想为社会主义市场经济发展奠定了理论基础，提供了思想源泉。

1)改革是发展的新动力

列宁认为，发展生产力是社会主义的主要任务，也是解决社会矛盾的基本途径。社会主义条件下的非对抗性矛盾，不能通过革命的方式来解决。正确的解决途径是调整经济政策，以更好地适应生产力的发展。

2)社会生产方式变革促进经济发展

列宁在继承马克思社会发展动力理论的基础上，提出了社会生产方式的变革是社会发展的动力的观点。列宁认为，在社会主义条件下进行商品生产和商品交换是十分必要的。发展商品经济是无产阶级与农民建立关系的重要环节，有利于促进城乡流通，有利于加强社会主义工农联盟，能够推动经济增长，是带动国民经济发展的重要途径。列宁的有关社会生产方式变革的观点，对中国发展社会主义市场经济产生了启蒙作用。

3. 中国经济发展的动力理论

中国共产党继承了马克思和恩格斯的社会发展动力理论，并通过实践不断探索和完善。随着社会的发展和时代的进步，中国共产党在经济发展的动力问题上提出了新思想、新观点，不断丰富经济发展的动力理论。

1)矛盾动力论

毛泽东认为，社会主义社会的基本矛盾仍是生产力与生产关系、经济基础与上层建筑之间的矛盾。社会主义条件下的社会矛盾是非对抗性的,可以通过社会主义自身的改革得以解决。毛泽东系统论述了社会主义社会基本矛盾的范畴、含义和特点,为人们正确认识和解决社会矛盾提供了理论支撑。

毛泽东强调,要正确处理经济建设中的各种矛盾,调动一切积极因素,并尽量争取化消极因素为积极因素,把一切直接和间接的力量集中到建设强大社会主义国家的总目标上来。矛盾处理得当,就可以调动和发挥各方的主动性、积极性,推动社会主义经济不断向前发展;矛盾处理不当,这些矛盾就会扩大并更加突出,从而给社会主义生产带来不利影响。毛泽东关于社会主义社会基本矛盾的论述,进一步丰富和发展了马克思和恩格斯的社会发展动力理论,对促进社会主义社会生产力的发展具有重要的指导意义。

2)改革动力论

邓小平认为,要改变落后的生产力,就必然要多方面地改变生产关系,改变上层建筑,改变工农业企业的管理方式和国家对工农业企业的管理方式,使之适应于现代化大经济的需要。改革的目的是解放和发展生产力,改革的首要任务是进行经济体制改革。家庭联产承包责任制和城市经济体制改革,使人民摆脱了高度集中的计划体制束缚,建立了更具活力和效率的市场经济体制。原来单一的公有制结构也发展成为以公有制为主体、多种所有制经济共同发展的基本经济制度,分配制度也发生了根本性改变。同时,邓小平认为,要重视科学技术对经济发展的推动作用,对外开放是改革的重要组成部分。这一系列的改革使中国的经济实力显著增强,人民的生活水平也得到了极大提高。

3)创新动力论

随着全球化和信息时代的深入发展,高新技术革命对市场体系和产业体系带来了巨大冲击。创新对社会经济的贡献越来越大,逐渐成为生产力发展的重要基础和决定性因素。江泽民认为,首先必须坚持理论创新。理论创新是其他一切创新的基础和先导,有了先进理论的指导,才能更容易破除陈旧观念的束缚，实现思想的解放。其次，要注重制度创新。要改革传统体制中不合理的制度和规定，调整与生产力发展水平不相符合的生产关系，建立适合国情变化和时代发展的新制度。最后，要注重科技创新。科学技术的发达程度在很大程度上代表着生产力的发展水平，发展先进生产力的关键是加强科技创新，不断发展高新科学技术，并将其应用于经济结构的调整和生产模式的改进上，从而促进生产力实现质的飞跃。

4)科学发展动力论

随着经济的粗放型发展，发展中存在的不平衡、不协调问题越来越突出。党的十六届三中全会提出了“坚持以人为本，树立全面、协调、可持续的发展观”。胡锦涛认为，实现全面协调可持续发展涉及经济社会发展的各个领域、各个方面、各个环节。不能把目光只局限于近期的经济指标上，应该着眼于社会主义现代化建设的全局，注重发展的全面性和可持续性，注重经济增长的质量和效益，正确认识和把握经济发展中出现的新矛盾、新问题，协调改革进程中的各种利益关系。把加快经济发展，建立在优化结构、提高质量和效益的基础上，实现经济、政治、文化的全面发展，实现经济发展和人口、资源、环境的协调可持续发展，实现人的全面发展，努力做到“五个统筹”，使各个方面的发展相互适应，各个发展环节相互协调。

5)高质量发展动力论

针对中国经济发展环境、任务、要求等方面发生的新变化，党的十八届五中全会提出要树立和坚持创新、协调、绿色、开放、共享的新发展理念。高质量发展在遵循和继承新发展理念的基础上，对发展的模式和效益提出了更高要求。换句话讲，高质量发展就是注重资源配置效率、商品服务质量和社会经济效益的提高，以实现经济的中高速、优质化、科技化、包容化、生态化、全球化的发展趋势。

习近平强调：“要坚持不懈推动高质量发展，加快转变经济发展方式，加快产业转型升级，加快新旧动能转换，推动经济发展实现量的合理增长和质的稳步提升。”“加快实现高水平科技自立自强，是推动高质量发展的必由之路。”

应坚持以市场为导向、以需求引领发展，强化科学研究和技术建设，大力加强人才培养，培育具有国际水平的科技领军人才和高水平创新团队，促进科技成果向实体经济转化。此外，要弘扬企业家精神，发挥企业家作用，加强对中小企业创新的支持，激发微观主体的创新活力。所有这些措施将为新的发展动力和增长空间创造条件，为全面建设社会主义现代化国家的新征程做出更大的贡献。

2.2.3 工业升级及其生态效率的相关理论基础

1. 生态经济学理论

生态经济系统是生态经济学的研究对象，其运行变动规律及作用机制是研究的主要内容。生态经济学是一门兼具理论与应用双重属性的学科，与资源环境经济的研究有着密切的联系。它是一门具有生态间断性与极限性的科学，同时还具有全局性、复合性、层次性和区域性等特点。

从总体上看，生态经济学理论的基本观点可以从以下三个方面进行概括：第一，经济系统是整个生态经济系统中不可或缺的重要组成部分。生态经济系统涵盖许多方面的内容，其中经济系统占有重要地位。第二，生态系统的物质资源保障了经济系统的平稳运行。生态经济学理论认为，生态系统为企业的生产活动提供物质资源，而那些被使用过、变成废弃物的产品会再次回归生态系统，但存在着资源损耗。第三，生态经济学理论强调社会福利的核算必须包括生态环境要素。也就是说，如果为了经济增长目标所付出的成本高于或等于所增加的经济效益，那么就需要减缓或中止对经济目标的追求，以免造成更严重的环境破坏。

2. 循环经济理论

循环经济的概念由 Pearce 等(1990)首次提出，并在 20 世纪后期被引入中国，此后得到了迅速发展。如今，循环经济的理念已经贯穿于社会发展的各个领域，改变了人类的生产和生活方式，促进了经济发展。其实质是生态经济学理论的延伸，有助于人类降低资源消耗，减少环境污染物的大量排放，进而提高可再生能源的综合利用率。

减量化、再利用和再循环是循环经济的基本原则。具体而言：第一，尽可能减少各种物质资源的消耗量，也就是说，要在源头上防止和减少废弃污染物的产生与排放。第二，尽可能多次利用各类资源和能源，使其能够得以充分有效利用。第三，尽可能回收和再生利用，实现资源的循环利用，通过技术进步推动资源的循环有效利用。这一理论为中国工业循环经济发展模式的探索提供了理论支撑和科学指导。工业企业应当不断提升产品生产技术和废物治理技术，并将其与环境保护原则、资源再利用原则相结合，尽可能减少资源消耗，提高工业生态效率，改变之前的粗放型生产发展方式，促进工业经济效益提升，实现工业经济的可持续发展。

3. **工业生态学理论**

工业生态学认为，工业系统应当采用和生态环境系统相似的一体化运作机制，某个工业行业的废弃物能够作为其他工业行业有用的资源，各个工业企业相互依存，从而使工业系统转变为一种一体式的综合循环模式。该理论是探究生态环境系统和工业生产系统互动关系的理论科学，追求经济、生态与社会效益的平衡发展，为工业生态系统的发展提供了方法指导和理论支撑，对促进工业部门的生态化转型和经济社会的高质量发展具有积极意义。

工业生态学的内涵可以从以下四个方面进行概括：第一，资源的优化管理。在技术水平保持不变的条件下，通过优化管理资源的利用过程，实现对生产中资源消耗的控制，从而减少污染物排放。第二，改进生产工艺。利用先进的工艺流程和制造方法，对生产活动进行改善优化，提高要素利用效率。第三，调整能源结构。充分利用先进科技进行技术创新，调整能源结构，加大清洁能源在所用能源中的比重。第四，高效循环利用资源。在对能源和资源的使用过程中，尽可能物尽其用，提高循环利用率，避免浪费，延长其使用时间。此外，环境监管可以强化以上几个环节的监督管理，减少资源和能源的浪费，提高企业生产效率。同时，建立相关激励机制，鼓励工业企业开展技术创新活动、提高生产技术，从而达到资源节约和促进工业经济增长的目的。

4. **高质量发展理论**

中国正处于向高质量发展转型的重要阶段，推动高质量发展是中国确定发展方向、制定相关政策、实行宏观调控的必要途径。转向高质量发展意味着三大转变：一是由强调经济增长的过程与规模，转向强调经济增长的结果与质量；二是由只强调经济增长，转向强调经济增长与生态保护等多维度协调发展；三是由强调要素投入的增加，转向强调资源配置优化和全要素生产率提高。

高质量发展的深刻内涵可以从不同层面来理解：第一，在宏观层面，高质量发展可以理解为促进经济持续增长、区域协调发展，充分激发创新活力，推动生态文明建设，实现发展成果共享。第二，在产业层面，高质量发展可以理解为产业规模合理扩大、结构不断优化，创新成为核心动力，产业整体发展质量持续提高。第三，在企业层面，高质量发展可以理解为企业拥有较强的竞争力、优质的产品质量、持续的创新能力，以及先进的管理理念等，可以满足各种消费需求，有效提高供给质量。

工业文明创造了丰富的物质财富，促进了经济增长，但一味追求经济数量增长的发展观，忽略了生态环境等方面的均衡发展。向高质量发展转变，意味着在经济发展模式、资源配置方式、企业质量效益等方面发生根本性变化，要求工业企业在生产活动的各环节中都要坚持节约环保的理念，减少资源依赖和能源消耗，实现工业发展与环境生态、能源保护的动态协调发展。本书主要以高质量发展的企业层面内涵为背景，研究工业企业如何通过工业升级提高工业生态效率，以更好地推动高质量发展。

2.3　文献综述

根据研究内容，本书对高质量发展、工业升级与工业生态效率的相关研究进行了详细梳理。在梳理完成后，结合当前研究的局限性以及本书的研究内容进行简要的总结和评述。

2.3.1 中国高质量发展的相关研究

1. 高质量发展研究现状

在高质量发展方面,国内已经积累了一定的研究成果。以“高质量发展”为关键词,在中国知网搜索到的文献为 32766 篇(时间为 2000—2020 年)。本书选取被引频次大于 100 的前 1500 篇文献,使用 CiteSpace 对这些文献进行聚类分析。

关键词是研究热点的反馈。如图 2-1 所示,关于高质量发展的研究关键词主要集中在以下方面:“高质量发展”“高速增长阶段”“中央经济工作会议”“习近平总书记”“社会主要矛盾”“新时代”“结构性改革”“攻坚战”“现代化经济体系”等。此外,还有少数文献关注到了“供给侧结构性改革”“指标体系”“实体经济”“全要素生产率”“动能转换”“创新驱动”等。从关键词的类型可以看出,“高质量发展”的研究主要侧重于理论探讨,仅有少数文献涉及了指标体系,实证研究相对较少。

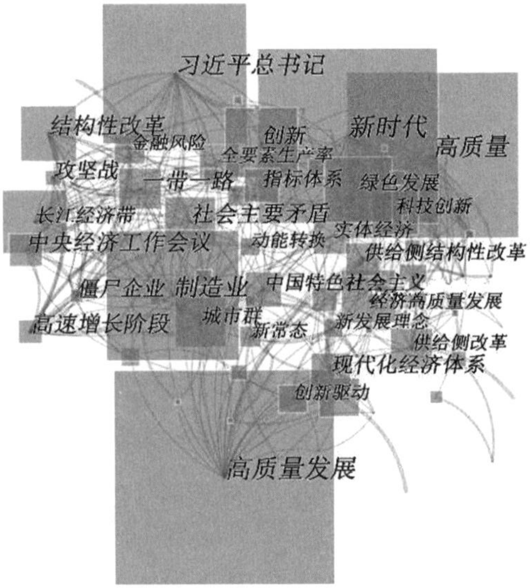

图 2-1 与“高质量发展”相关的关键词聚类图谱(2000—2020 年)

利用 CiteSpace 进一步对作者的研究单位进行聚类分析。如图 2-2 所示,关于高质量发展的研究绝大多数来自国务院发展研究中心、中国社会科学院工业经济研究所、中国财政科学研究院、国家新闻出版广电总局[①]和全国政协等政府机构和研究院。此外，西南财经大学和西北大学是发文量相对较多的两个院校。值得关注的是，除了发文比重较大的研究单位，还有很多在图中表现为“小圆点”的研究单位，由于发文量较少在图中没有显示出来。这部分研究单位的存在说明“高质量发展”作为研究热点，已经逐渐受到了社会各界的广泛关注。

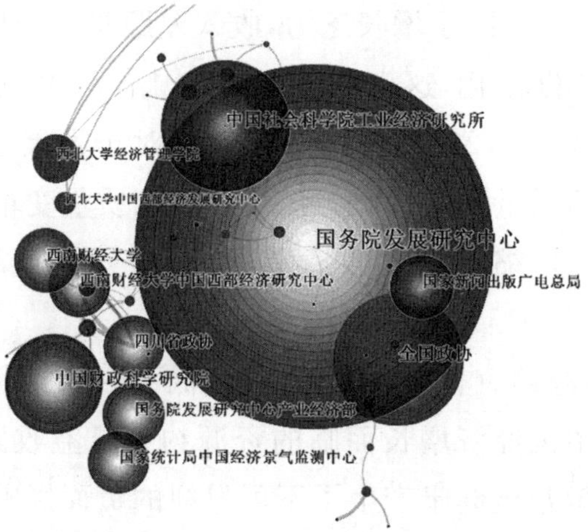

图 2－2　与“高质量发展”相关的作者单位聚类图谱（2000—2020 年）

2. **经济高质量发展的概念**

中国经济进入新常态，增速下降并面临陷入“中等收入陷阱”的风险。在中华民族伟大复兴迎来新格局的时代背景下，高质量发展的提出无疑具有重要的现实意义和理论价值（吕守军 等，2019）。

1）经济高质量发展的提出背景

推动高质量发展是中国适应纷繁复杂的国内外形势所做出的重要决策。推动高质量发展，既是保持经济持续健康发展的必然要求，也是适应中国社会主要矛盾变化和全面建成小康社会、全面建设社会主义现代化国家的必然要求，更是遵循经济规律发展的必然要求。

（1）国内经济形势。第一，中国经济进入新常态，传统增长动力日益

① 2018 年 3 月，国务院机构改革时，国家新闻出版广电总局不再保留。

衰减,同时也面临陷入"中等收入陷阱"的风险。改革开放以来,大量廉价劳动力涌向城市工业部门,直接推动了中国工业化和城市化的快速发展(任保平,2018b)。然而,自2012年以来,随着人口红利逐渐消退、技术创新约束收紧,中国经济增长的约束条件也发生了变化。自2013年以后,中国经济增速由10%左右降低到7%左右,阶段性特征日益明显,以要素和投资驱动的"耗散型"增长方式已无法继续维系(王一鸣,2017;张雨,2016;刘宏 等,2019)。除了增长乏力,收入差距扩大、社会阶级固化等因素导致社会矛盾不断激化,这也可能导致中国陷入"中等收入陷阱"(张军扩 等,2019;洪银兴 等,2018)。这意味着相对于发展速度和规模,中国更应该关注发展的质量和效益,通过动力变革、质量变革和效率变革重塑中国经济增长动力,缩小城乡收入差距(吕守军 等,2019;洪银兴 等,2018)。

第二,环境资源约束日益收紧。当前,低下的能源利用效率和不合理的产业结构导致中国经济增长面临的资源约束日益收紧,这也对人民群众的日常生活质量乃至健康产生了不可忽视的负面影响(任保平,2018a;张军扩 等,2019;洪功翔,2018)。在经济发展过程中,除了谋求物质财富,还应谋求生态财富,保护绿水青山。只有推动高质量发展,转变传统的高消耗、高污染、低效益的发展方式,才能逐步缓解经济发展过程中的资源环境压力,满足人民群众对美好生活的需求,实现绿色可持续发展。

(2)国际环境。虽然中国已是全球第二大经济体,但一方面,相对于其他发达国家,中国一直以来是依靠廉价的劳动力和资源供给的"低价工业化增长模式"推动贸易增长(任保平,2018b)。习近平指出:"但是,总体上看,我国关键核心技术受制于人的局面尚未根本改变,创造新产业、引领未来发展的科技储备远远不够,产业还处于全球价值链中低端,军事、安全领域高技术方面同发达国家仍有较大差距。"另一方面,世界多极化、经济全球化、文化多样化、社会信息化深入发展,人类社会充满希望。同时,国际形势的不稳定性和不确定性更加突出,人类面临的全球性挑战更加严峻,需要世界各国齐心协力、共同应对。当前,世界面临的不稳定性和不确定性愈发突出，全球经济的“低增长困境”以及美国强权政治的复苏都为中国发展带来了严峻挑战（任保平，2018b；王一鸣，2017）。为应对复杂的经济时局，中国应该通过高质量发展，深度融入世界经济，逐步缩小同发达国家之间的差距，稳步提升中国在全球价值链分工中的地位。

2）高质量发展的内涵

高质量发展的内涵界定一直是研究如何实现高质量发展的首要问题，也一直是学者们关注的重点。高质量发展的内涵可以从广义和狭义两个角度理解。狭义而言，高质量发展主要指的是经济发展过程中增长效率和经济活力的提升（逄锦聚 等，2019）。广义而言，高质量发展除了追求效率和质量外，还对社会民生和生态环境提出更高层次的要求，它是经济建设、政治建设、文化建设、社会建设、生态文明建设五位一体协调发展的一部分（张军扩 等，2019）。

（1）“更高质量、更有效率、更加公平、更可持续”的发展。党的十九大报告指出：“解放和发展社会生产力，是社会主义的本质要求。我们要激发全社会创造力和发展活力，努力实现更高质量、更有效率、更加公平、更可持续的发展！”“更高质量、更有效率、更加公平、更可持续”是高质量发展的四个目标要求，也是新时代经济发展战略的着力方向和必须遵循的基本行为法则（洪银兴 等，2018）。

“更高质量”和“更有效率”是高质量发展的核心目标。实现“更高质量”并不意味着要舍弃原有的经济增长方式，而是通过挖掘经济增长潜力和进行结构性调整等方式，激活现有经济活力，实现从“增长”到“发展”的转变（周振华，2018；李金昌 等，2019）。从微观角度来看，“更高质量”意味着通过提升技术水平、增加产品种类、提高产品品质等途径来提升产品和服务的质量（张军扩 等，2019；周振华，2018）。从宏观角度来看，“更高质量”不单是指某个生产环节的质量提升，而是对要素投入、生产、流通、分配以及消费等社会再生产环节都提出了更高的要求，并最终通过全环节的质量提升，推动国民经济实现质的有效提升。根据发达国家的发展经验，一国的经济体制越完善，市场机制越有效，则资源配置效率也越高，从而意味着该国经济的发展质量越高(逄锦聚 等,2019)。因此,“更高效率”是对“更高质量”的进一步阐述。目前中国的市场机制还不健全,垄断和行政干预行为也时有发生,这在一定程度上抑制了微观经济主体的活力。未来,应该通过优化产业结构等方式来纠正要素价格和要素配置的扭曲,提升经济效率,推动高质量发展。

“更加公平”和“更可持续”是对高质量发展目标的进一步阐述。目前,随着中国特色社会主义进入新时代,中国社会主要矛盾已经转化为人民日益增长的美好生活需要和不平衡不充分的发展之间的矛盾。长期以来,中国采用粗放型的增长方式已经导致了严重的资源环境问题和社会公平问题,难以满足人民日益增长的美好生活需要。因此,“更加公平”和“更可持续”的提出便是为了在经济发展过程中保障全体人民的利益,协调人与自然和谐共生,推动各行各业和各地区的协调发展,缓和社会矛盾,最终推动生态、经济和社会的可持续发展,实现高质量发展的目标(洪银兴 等,2018)。

(2)“创新、协调、绿色、开放、共享”的发展。2015 年,党的十八届五中全会提出了“创新、协调、绿色、开放、共享”的新发展理念。这五大发展要素层层递进,由“创新”动力入手,最终落脚到全民“共享”发展成果,体现了“发展为了人民、发展依靠人民、发展成果由人民共享”的价值取向,深刻阐释了社会主义经济发展规律。可以说,高质量发展是新发展理念的具体实践,而“创新、协调、绿色、开放、共享”则是高质量发展理论内涵的深入阐述(逄锦聚 等,2019)。

创新是引领发展的第一动力。自改革开放以来,中国一直依赖投资和人力等要素来驱动经济增长。然而,随着要素成本上升和人口红利的消退,传统要素的收益不断减少。创新对经济增长的驱动作用已被不同文献证明(Porter et al. ,1990;彭泗清 等,2013),何小钢等(2015)的研究更进一步证明,多数行业的主要动力是技术进步。创新能力的提升一方面可以通过技术进步,提高投入产出效率,并最终改善产业结构,驱动经济增长(逄锦聚 等,2019);另一方面,还可以通过制度创新,逐渐化解中国经济发展中的瓶颈和深层次矛盾,保障经济更可持续、更有效率的发展

(师博 等,2018)。因此,推动高质量发展首先就需要提升创新能力,培育新增长点(金碚,2018)。

协调是经济持续健康发展的内在要求。习近平指出:"协调既是发展手段又是发展目标,同时还是评价发展的标准和尺度;协调是发展两点论和重点论的统一,既要着力破解难题、补齐短板,又要考虑巩固和厚植原有优势,两方面相辅相成、相得益彰,才能实现高水平发展;协调是发展平衡和不平衡的统一,协调发展不是搞平均主义,而是更注重发展机会公平、更注重资源配置均衡;协调是发展短板和潜力的统一,协调发展就是找出短板,在补齐短板上多用力,通过补齐短板挖掘发展潜力、增强发展后劲。"协调的发展理念意味着经济增长不再仅仅追求数量上的累积,而是追求经济、社会、人与自然等多个方面的平衡发展(洪银兴 等,2018)。贯彻协调的发展理念能够进一步促进城乡和区域的协调发展,促进经济、政治、文化、社会和生态的协调发展,从而促使国家实现更高层次的发展(洪银兴 等,2018)。

绿色发展是构建高质量现代化经济体系的必然要求,也是解决污染问题的根本之策。习近平指出:"纵观世界发展史,保护生态环境就是保护生产力,改善生态环境就是发展生产力。"高质量发展不仅仅是提高经济质量的发展,还是人与自然和谐共生的可持续发展。此外,"绿水青山就是金山银山",高质量经济发展不仅要谋求物质财富,还应谋求生态财富(逄锦聚 等,2019)。因此,高质量发展应坚决贯彻落实绿色发展理念,坚定走生产发展、生活富裕、生态良好的文明发展道路,加快建设资源节约型、环境友好型社会,推进美丽中国建设(洪银兴 等,2018)。

开放是国家繁荣发展的必由之路。党的十九大指出:"开放带来进步,封闭必然落后。"中国一直积极推行对外开放的基本国策。在改革开放初期,中国通过"引进来"的对外开放政策,依靠廉价劳动力和政策优惠,在短时间内吸引了众多外资企业来华投资建厂,并带动了中国经济的快速增长。然而,目前中国主要出口的是低成本、低品质、低附加值的产品,导致中国在全球价值链分工中始终处于相对劣势地位,难以有效支撑中国产业的转型升级(周振华,2018)。此外,尽管出口仍是拉动中国经济的“三驾马车”之一，但近年来，由于国际市场在金融危机后的复苏缓慢和持续低迷，中国的出口需求明显减少，出口增速也持续下降(任保平，2018b;王一鸣，2017)。因此，在高质量发展的背景下，中国的对外开放应坚持“走出去”与“引进来”并重。一方面，通过“一带一路”建设充分拓展海外市场;另一方面，通过提升产业技术水平，发展更高层次的开放型经济，逐步提升中国在全球价值链分工中的地位(洪银兴 等，2018;逄锦聚 等，2019)。

共享是中国特色社会主义的本质要求(洪银兴 等，2018)。习近平指出:“让广大人民群众共享改革发展成果，是社会主义的本质要求，是社会主义制度优越性的集中体现，是我们党坚持全心全意为人民服务根本宗旨的重要体现。”在改革开放早期，中国坚持的是效率优先、兼顾公平的分配原则。这种“效率优先、兼顾公平”的原则在经济发展初期能够有效激励经济主体，然而长期实行却会造成社会收入分配和财富拥有结构的严重失衡，加剧社会矛盾。党的二十大提出:“坚持以人民为中心的发展思想。维护人民根本利益，增进民生福祉，不断实现发展为了人民、发展依靠人民、发展成果由人民共享，让现代化建设成果更多更公平惠及全体人民。”实现发展成果共享是高质量发展的最终目标，只有与人民共享成果，才能缓解社会矛盾，逐步满足人民日益增长的美好生活需要。

3)高速增长和高质量发展的差异

高速增长和高质量发展是经济发展的不同形式。由于提出的背景不同，高质量发展与高速增长在内涵和评判标准方面存在着较大差异。

(1)提出背景的差异。新中国成立初期，中国的经济基础较为薄弱，资源也相对短缺，运用一切手段把资源集中到某些最需要发展的部门、短期内实现经济高速增长是当务之急(任保平，2019)。虽然这种依靠资本、劳动力、资源等要素投入，通过规模扩张来实现财富创造的增长方式为中国创造了高速增长的奇迹，但也导致了一些社会公平和生态环境问题，这意味着高速增长策略已经不再适用于当前中国经济的现实情况(贺晓宇 等，2018)。高质量发展是“创新、协调、绿色、开放、共享”的发展。坚持高质量发展不仅能重塑经济增长的动力,还能提高社会福利水平。因此,相较于高速增长,高质量发展更适合当前中国的现实情况。

(2)内涵的差异。Huang 等(1990)提出,经济上的增长和发展是有区别的。前者是"量"的增加,主要靠总体规模的简单扩大;后者是"质"的发展,指的是单位收益的增加。高速增长属于"量"的增加,主要表现为经济规模的扩张和经济效益的增长,而高质量发展属于"质"的发展,除了保障经济正常运行,还对社会、生态等多个方面提出了要求,是"量与质相协调下的演进发展"(任保平 等,2018)。

(3)评判标准的差异。由于高速增长的内涵比较单一,评判标准也相对简单,经济产出的规模和增速是评判高速增长的主要依据,比如 GDP、GDP 增速以及财政收入等指标。而高质量发展的内涵相对丰富,除了一些规模指标外,经济体制的协调性和持续性等因素也被纳入高质量发展水平的考量,因此对高质量发展水平的测算一般都是通过建立评价指标体系来进行的。

从以上分析可以看出,高质量发展的内涵远比高速增长丰富,不过这并不意味着高质量发展优于高速增长。高速增长方式虽然粗放,但也确实在短时间内提升了中国的经济水平,增强了综合国力。经济基础决定上层建筑,只有当经济增长水平达到一定阶段之后,才会有资本对经济增长质量提出更高的要求。因此,不能简单认为高质量发展一定优于高速增长,两种发展方式都是基于当时中国现实经济情况的最优选择。

3. 高质量发展的实现路径

高质量发展丰富的内涵意味着其实现路径也必然是多元化的。总的来说,目前的实现路径大多数还是围绕新发展理念展开,并在此基础上进行拓展。党的十九大提出:"我国经济已由高速增长阶段转向高质量发展阶段,正处在转变发展方式、优化经济结构、转换增长动力的攻关期,建设现代化经济体系是跨越关口的迫切要求和我国发展的战略目标。"因此,建设现代化经济体系也是实现高质量发展的关键路径。下文将从这两个角度出发,对高质量发展的实现路径进行综述。

1)针对新发展理念的实现路径

新发展理念是高质量发展理论的详细阐述,因此,对新发展理念的践行可以在一定程度上解决发展不平衡和不充分的问题,实现高质量发展。

(1)创新。一般来说,创新驱动经济增长的路径主要包括如下四个方面。

第一,提升全要素生产率,推动技术进步。中国经济增长率下降的微观原因与全要素生产率的下降密切相关,因此提高全要素生产率是实现经济高质量发展的关键(逄锦聚 等,2019;张治河 等,2019)。提升全要素生产率的核心在于提升创新能力,促进技术进步。创新主要通过将科研成果市场化来推动经济发展,因此创新能力的提升应从两方面入手:一方面,对基础研究和原创性研究提供长期稳定支持,加强对科研成果的保护,同时对承担重大科技攻关任务的科研人员,采取灵活的薪酬制度和奖励措施,鼓励高校和科研院所从事基础性研究和共性技术研究(张军扩 等,2019)。另一方面,建立一批专业化的技术转移转化服务机构,保障科研成果能够最大限度地投入使用(张军扩 等,2019;王一鸣,2018)。

第二,提高劳动力素质,推动人力资本发展。人力资本是推动经济社会发展的第一资源(刘伟 等,2018)。在经济发展的早期阶段,工业化和城市化促进了大量农村剩余劳动力从农村流入城市,形成了经济增长的人口红利,促进了经济的高速增长。但随着长期的低生育率和人口老龄化问题的加剧,中国劳动力数量的增速逐渐下降,劳动密集型产业也不再是中国的比较优势产业(方慧 等,2016;任保平 等,2019)。为了应对人口红利的逐渐消失,必须提高劳动力素质,通过完善人才引进、培养和激励机制,培养造就一大批具有国际水平的战略科技人才、科技领军人才、青年科技人才和高水平创新团队,以推动人力资本的发展(高淑桂,2018;任保平 等,2018a)。

第三,鼓励企业家精神,营造创新环境。企业是转变经济增长方式、实现创新驱动的重要微观主体(师博 等,2018),而企业家精神又是激发企业活力的源泉。当社会中的企业家越多时,创新水平就越高,技术进步就越快,因此,激发企业家精神是创新驱动的本质要求(孙早 等,2019)。

培育企业家精神，首先需要改善创业环境，鼓励企业家发挥“敢为天下先”的精神，尊重和激励企业家干事创业，持续激发市场活力和社会创造力。其次，需要继续精简行政审批手续，加大减税和降息力度，切实减轻企业负担，释放企业活力。最后，还需要加强对企业家产权与合法收益的保护，构建多层次激发和保护企业家精神的长效机制，为其提供强有力的制度支持（张军扩 等，2019；逄锦聚 等，2019；师博 等，2018；郭春丽 等，2019）。

第四，完善创新体系，推动协同创新。目前中国尚未建立有效的协同创新机制，导致科技成果转化中的有效产权激励缺位问题仍未得到根本性解决（国家发展改革委经济研究所课题组，2019）。应通过协调各个创新主体之间的关系，发挥企业、高校科研机构和政府之间的协同作用，这将有助于企业通过与高校和科研机构的对接与合作将前沿技术引入企业生产，在降低企业创新成本的同时，使前沿技术得以更好地投入市场，从而推动协同创新，带动中国经济实现高质量发展（任保平，2018b）。

（2）协调。新中国成立以来，中国实施了一系列政策，如“优先发展重工业”和“效率优先、兼顾公平”，这些政策在促进经济高速增长的同时，也带来了区域和行业发展不协调的问题。协调区域和部门的发展，缩小城乡居民收入差距，不仅能缓和社会矛盾，还是高质量发展的内在要求。

第一，实施乡村振兴战略，缩小城乡居民收入差距。“三农”问题始终是关系国计民生的根本性问题（周跃辉，2018）。实施乡村振兴战略，实现农业发展、农民富裕，不仅是实现高质量经济发展的必然要求，也是践行习近平新时代中国特色社会主义思想的重要方面。乡村振兴战略可以从如下两个方面着手：一方面，健全城乡融合发展的体制机制，破解生产要素流动中的机制性障碍，引导资源要素流向农业和农村，提高生产要素在空间上的配置效率（任保平 等，2018；周跃辉，2018）。另一方面，推进城乡建设统一规划、基础设施互联互通、产业合理布局融合互促，推进农业供给侧结构性改革，坚持质量兴农、绿色兴农，深化粮食收储制度改革（周跃辉，2018；何立峰，2018）。

第二，协调区域发展。中国早期采取的“先富带后富”的发展策略在推动经济高速增长的同时，也在一定程度上导致了中国区域发展不平衡、不协调的问题。为了协调区域发展，一方面，需要逐步完善和实施区域协调发展战略，建立发达地区与欠发达地区之间的区域联动机制等措施，补齐困难地区和农村地区的公共服务、基础设施和社会保障等短板，促进发达地区和欠发达地区的共同发展（张军扩 等，2019）。另一方面，还需进一步增强东部、中部、西部和东北这“四大板块”与京津冀协同发展、长江经济带发展、粤港澳大湾区建设等区域战略的协同实施，努力体现各战略推进的精准化、差别化导向，以解决区域发展不平衡和不充分的突出问题（何立峰，2018）。

第三，协调不同行业和部门的发展。在经济发展初期，中国将有限的资源重点投入战略性领域，试图通过产业关联效应拉动其他部门发展（刘志彪，2018）。尽管这种做法可以迅速推动重点部门的扩张，但也在一定程度上导致了国民经济各部门之间的不均衡发展，出现产能过剩问题（刘志彪，2018）。协调行业和部门发展需要政府发挥综合协调作用，从供给侧结构性改革入手，通过市场机制优化资源配置，努力实现供需关系达到新的动态均衡，逐步破除无效供给，化解产能过剩问题（何立峰，2018；刘志彪，2018）。

第四，构建“体现效率、促进公平”的收入分配体系。为了确保改革发展成果更加公平地惠及全体人民，习近平总书记在阐述现代化经济体系的七个方面时，提出要建设体现效率、促进公平的收入分配体系。相对于“效率优先、兼顾公平”的分配体系而言，“体现效率、促进公平”的分配体系将分配重点由“效率”转移到了“公平”，其实施将有效缩小收入差距，提高社会福利水平。具体来说，收入分配制度改革首先应该完善按要素贡献的分配机制，健全适应高质量发展的激励机制，促进城乡居民收入稳步增长，逐步缩小收入分配差距。其次，还应建立多层次的社会保障体系，稳步提升公共服务的质量，增强社会保障的整体层次和水平。最后，应建立健全稳定脱贫、防止返贫的长效机制（张军扩 等，2019；国家发展改革委经济研究所课题组，2019；何立峰，2018）。

（3）绿色。推动绿色发展首先需要从源头入手，改变发展方式，建设资源节约和环境友好的绿色发展体系（任保平 等，2019）；其次，还应对现有的法律法规进行完善，为绿色发展提供制度保障。

第一，建立资源节约、环境友好的绿色发展体系。转变粗放型的经济增长方式是解决当前资源环境问题的关键。首先，需要调整以重工业为主的产业结构和以煤炭为主的能源结构，对当前高污染和高能耗的行业进行绿色改造，用高效绿色生产技术装备改进传统制造流程，并通过排污权交易等措施使外部成本内部化，激励市场主体在生产过程中主动减少污染排放（任保平 等，2019；何立峰，2018）。其次，应大力发展循环经济，通过积极培育节能环保产业、清洁生产产业和清洁能源产业，在提高资源使用效率的同时，推进资源再生的规范化、规模化发展（任保平 等，2019；何立峰，2018）。最后，还应深入实施水污染防治行动计划和全面落实土壤污染防治行动计划，从而有效防范生态环境风险，增加优质生态产品供给（洪银兴 等，2018；刘志彪，2018；高世楫 等，2017）。

第二，健全绿色发展制度体系。完善的生态环境制度可以为绿色发展提供法律保障。完善绿色发展制度体系，一是需要加快落实《生态文明体制改革总体方案》，完善现有的生态环境保护法律、法规和标准，通过改进产权制度、资产管理制度、价格机制和生态补偿机制等，引导市场主体积极参与生态环境保护（张军扩 等，2019；洪银兴 等，2018）。二是要按照《生态文明建设目标评价考核办法》，在实践中不断完善生态环境保护的评价、考核和奖惩制度（张军扩 等，2019；洪银兴 等，2018）。三是需要深化环境监管体制改革和环境司法体制改革，优化监管组织结构，完善中央和地方两级监管的生态环境监管体系（张军扩 等，2019；高世楫 等，2017；蒋国阳，2021）。

（4）开放。提升开放质量也是高质量发展的基本要求。党的二十大提出，推进高水平对外开放。首先，应有序放宽市场准入，加快完善对外商直接投资实施准入前国民待遇和负面清单的管理体制，建立健全事中和事后监管机制（张军扩 等，2019）。其次，为了更高水平、更深层次地利用国内外优质的资本、技术和人才资源，应创建更有吸引力的投资环境，加强对外投资的有效引导、投资保护和风险防控体系建设，完善安全审查制度和风险防范体系，鼓励外资进一步融入中国的产业体系和创新体系（张军扩 等，2019；何立峰，2018）。最后，作为一个负责任的大国，中国在扩大开放的同时，还应推动构建人类命运共同体，推动共建“一带一路”高质量发展，加强多边经贸合作，采取有力措施妥善应对贸易摩擦，促进全球经济一体化朝着更加开放、公平、普惠、平衡、共赢的方向发展（张军扩 等，2019；何立峰，2018）。

（5）共享。共同富裕是中国特色社会主义的本质要求。党的二十大报告指出：“我们要实现好、维护好、发展好最广大人民根本利益，紧紧抓住人民最关心最直接最现实的利益问题，坚持尽力而为、量力而行，深入群众、深入基层，采取更多惠民生、暖民心举措，着力解决好人民群众急难愁盼问题，健全基本公共服务体系，提高公共服务水平，增强均衡性和可及性，扎实推进共同富裕。”完善分配制度、实施就业优先战略、健全社会保障体系、推进健康中国建设等方法是党的二十大大报告中所提出的解决民生问题的基本路径。除此之外，还可以通过乡村振兴战略和区域协调发展战略等方式缩小贫富差距，让改革发展成果更广泛、更公平地惠及全体人民（洪功翔，2018）。

2）建设现代化经济体系

建设现代化经济体系是社会经济系统的综合转型，也是适应中国经济由高速增长阶段转向高质量发展阶段的必然要求（逄锦聚 等，2019）。这一目标涵盖了创新引领和协同发展的产业体系，统一开放和有序竞争的市场体系，体现效率和促进公平的收入分配体系，还包括了彰显优势和协调联动的城乡区域发展体系，资源节约和环境友好的绿色发展体系。此外，还有多元平衡和安全高效的全面开放体系，以及充分发挥市场作用、更好发挥政府作用的经济体制。上述七个方面不仅涵盖了创新、协调、绿色、开放和共享的新发展理念，还额外提出了要建设“统一开放、竞争有序的市场体系”以及“充分发挥市场作用、更好发挥政府作用的经济体制”，强调了市场对高质量发展的作用。

（1）推动市场化改革，建设现代化经济体系。

第一，优化产业结构，构建高质量的产业体系。目前中国产业结构以高污染、高耗能的重工业为主，绿色低碳产业和高新技术产业的占比偏低，产业结构不合理。调整产业结构，构建高质量产业体系不仅是化解产能过剩、消灭“僵尸企业”的主要途径，也是纠正资源在产业内配置错误、提高供给质量和效率的主要措施（刘志彪，2018）。优化产业结构首先应鼓励优胜劣汰，通过产业内企业和资源的重组，优化资源配置，提升资源使用效率（刘志彪，2018）。其次，可以通过打造良好的外部环境，培育战略性新兴产业，提高产品供给能力和供给质量（任保平，2018）。最后，通过绿色改造、技术改造，促进传统产业内部转型，推动产业链再造和价值链提升，使传统行业焕发新活力、形成竞争新优势（洪银兴 等，2018；任保平 等，2018）。

第二，完善产权制度，推动要素市场化改革。尽管在经过四十多年的改革开放后，中国在市场体系建设方面已经取得一定成果，但是要素市场建设尚未完成（张军扩 等，2019；刘志彪，2018）。林毅夫等（2007）认为一个经济的实际经济增长方式最终取决于该经济的要素价格体系。中国长期采用低利率、低土地价格、低能源价格和低原材料价格的政策，这种要素价格体系导致了中国的经济增长方式偏向资本和土地密集型。中国想要转变经济增长方式，首先就需要纠正扭曲的要素价格，使得实际要素价格体系更符合中国的要素禀赋结构，从而使企业的最优化更接近整个经济的最优化（任保平 等，2018；林毅夫 等，2007）。一般而言，要素价格是否有效取决于市场机制是否健全。若政府干预较少，市场机制健全，垄断和寡头厂商较少，则资源配置和市场价格也一定是有效和合理的。因此，推动要素市场化的关键在于减少政府干预，激活市场活力：一方面要利用资本市场的内在功能，通过鼓励企业间的收购与兼并，淘汰低效率和产能过剩的企业，改善关键要素的配置效率（国家发展改革委经济研究所课题组，2019）；另一方面，要通过市场驱动，以企业为主体，放任市场机制自动调节，让产能过剩企业自生自灭，由此实现市场自动出清，提高资源配置效率（国家发展改革委经济研究所课题组，2019；刘志彪，2018）。此外，根据科斯定理，产权明晰可以优化资源配置，降低交易成本。因此，除了保障市场竞争的公平和合理性之外，还应健全产权保护制度，构建合理有效的交易规则，尽可能减少交易成本（张军扩 等，2019；洪银兴 等，2018；刘志彪，2018；王一鸣，2018）。

第三，推动国企改革，激活市场活力。激活市场活力是高质量发展的内在要求。然而，由于行政性垄断和市场垄断的存在，部分国企的运营效率不高，还存在一部分“僵尸企业”，使得市场机制在部分企业中难以发挥作用，也在一定程度上制约了经济效率的提升（郭春丽 等，2019）。因此，在高质量发展的要求下，应逐步通过推进国企改革、鼓励非公有制经济的发展，创造公平竞争的市场环境，从而激发市场主体活力，提升企业经营效率（吕守军 等，2019；郭春丽 等，2019）。首先，应按照“完善治理、强化激励、突出主业、提高效率”的要求，深入推进国有企业的公司制和股份制改革，积极稳妥发展混合所有制经济，加快国有经济的布局优化、结构调整和战略性重组，推动形成有效制衡的公司法人治理结构和灵活高效的市场化经营机制，打造具有自主经营、自负盈亏、自担风险、自我约束、自我发展的独立市场主体。其次，应加强国有企业党的领导和党的建设，围绕着“管资本为主”的理念，加快转变国有资产监管机构的职能，对部分“僵尸企业”进行集中处理，坚决破除无效供给，提高市场运行效率（吕守军 等，2019）。最后，还应优化非公有制经济的发展环境，支持民营企业发展，落实产权保护政策，全面实施并不断完善市场准入负面清单制度，打破行政性垄断和市场分割，破除歧视性限制和各种隐性障碍，放宽民间资本的准入领域，加快构建公平、和谐的营商环境（郭春丽 等，2019；何立峰，2018）。

(2)更好发挥政府作用。虽然现代化经济体系的构建强调发挥市场作用，但由于市场壁垒和行政壁垒的存在，要素市场的垄断和市场分割问题仍然十分严重，竞争机制难以有效发挥作用（任保平，2018）。此时需要更好地发挥政府作用（翟玉琪，2020），一方面需要通过制度改革和制度创新来弥补市场失灵的问题；另一方面，还应通过产业政策和地区发展政策来保障市场机制在资源配置中的作用，推动各行业和各区域间的协调发展，从而保持经济平稳运行（任保平 等，2019）。不过，政府的不当或过度干预又可能导致市场运行成本增加，所以政府改革仍然任重而道远（洪银兴 等，2018）。

制度创新是高质量发展的前提和保障(任保平，2018b)。习近平指出:“世界经济长远发展的动力源自创新。总结历史经验，我们会发现，体制机制变革释放出的活力和创造力，科技进步造就的新产业和新产品，是历次重大危机后世界经济走出困境、实现复苏的根本。”中国发展中存在的各种矛盾和核心问题，归根结底都可以归因于制度的失败或者失效(刘志彪，2018)。目前要素市场的垄断和市场分割问题仍然严重，此时更需要通过制度创新来解决，以消解传统制度的强大惯性，促进高质量发展(任保平，2018b)。为此，政府在推进高质量发展的过程中，应加快完善社会主义市场经济体制，以完善产权制度和要素市场化配置为重点，实现产权有效激励、要素自由流动、价格反应灵活、竞争公平有序、企业优胜劣汰，逐步解决发展中存在的结构性、体制性和素质性矛盾和问题(逄锦聚等，2019；何立峰，2018；刘志彪，2018)。

在推动高质量发展过程中，政府不仅是管理者和规划者，更应该是参与者、先行者和示范者(吕守军 等，2019)。因此，为更好地发挥政府的作用，除了推动制度创新，还应推动政府职能转变，以实现国家治理体系和治理能力的现代化(高淑桂，2018)。一方面，应通过强化社会信用体系建设、健全监管体系、完善政策制定和执行机制，开展政策与规划的事后评估和调整，建立激励相容的权责分担机制，从而对政府行为进行有效监督。另一方面，还应通过深化“放管服”改革，持续推进政审服务便民化、信息化，构建一体化网上政务服务平台，并通过社会调研、民主评议会等方式听取社会各界意见，不断完善和健全政府服务体系(吕守军 等，2019；国家发展改革委经济研究所课题组，2019)。

4. 高质量发展水平的测度

由于高质量发展的提出时间相对较短，因此相关的评价指标体系尚处在探索阶段，虽然也有少部分学者尝试从高质量发展的目标和内涵角度构建高质量发展指标体系，但是总体而言，还没有形成一套被社会广泛认可的评价体系，因此仍然存在一定的研究空间。

1)不同阶段的社会发展指标体系

在高质量发展概念提出之前，党中央根据中国的现实情况，提出了不同阶段的战略性目标。作为中国社会经济发展的新目标，高质量发展是对党发展理念的又一次传承，因此，高质量发展的指标体系相比之前的社会发展指标体系，也具有一定的延续性。梳理评价指标体系的演变脉络，对于构建高质量发展的指标体系具有重要的借鉴意义。

2000 年 10 月，党的十五届五中全会正式提出“全面建设小康社会”的概念，学者们便开始探讨如何衡量全面建设小康社会的实现程度。早期学者构建的指标体系涵盖内容较少，选取的指标数量也比较有限。如陈友华(2004)选取了十项指标，从经济发展、生活质量、社会结构和社会公平等方面构建了全面建设小康社会的评价指标体系。随后，党的十六大、十七大和十八大均对全面建设小康社会的内涵进行了丰富，并从经济发展、民主法制、文化教育、社会发展和生态环境方面提出了五点要求。随后的学者也多从这些角度出发，构建了不同的全面建设小康社会的评价指标体系。如宋林飞(2010)和肖宏伟(2014)从经济发展、生活水平、社会发展、社会结构、生态环境五个方面出发，构建了不同的全面建成小康社会评价指标体系。

2004 年 9 月 19 日，中国共产党第十六届中央委员会第四次全体会议提出了构建社会主义和谐社会的目标。衡量和谐社会建设程度便成为值得研究的重要问题。国家统计局课题组(2006)基于“和谐社会”的民主法治、公平正义、诚信友爱、充满活力、安定有序、人与自然和谐相处六个基本要求，构建了包含二十五项指标的和谐社会统计监测指标体系。齐心等(2007)在国家统计局课题组(2006)的研究基础上，又将社会信任度、人际友爱度、社会发展乐观度等主观指标纳入评价指标体系。

2012 年 11 月，党的十八大制定了新时代统筹推进“五位一体”总体布局的战略目标。由于“五位一体”的理念内涵非常明确，因此现有研究均是从经济建设、政治建设、文化建设、社会建设、生态文明建设这五个主要方向选取指标构建指标体系，创新点主要集中在研究范围的拓展和指标类型的创新等方面。齐岳等(2018)建立了包含五大建设方面的综合评价指标体系，对北京、天津、河北、上海、江苏、浙江、广东在 2008—2015 年的“五位一体”建设状况进行了实证研究。周永道等(2018)基于“五位一体”总体布局，构建了综合评价指标体系，对不同地区的社会经济和政治生态情况进行了全面衡量。李旭辉(2019)从经济、政治、社会、文化和生态文明五个方面出发，构建了经济社会发展绩效评价指标体系，对中国在“十二五”期间的经济社会发展特征进行了研究。

可以看出，随着经济发展水平的提高，发展理念得到不断升华，相应的指标体系也变得越来越复杂，评价重点逐渐从衡量经济发展的规模和速度转移到经济发展的质量和效率。此外，体系中所涵盖的指标也从最开始的经济发展指标，逐渐扩展到政治指标、社会指标、文化指标和生态指标，甚至有些研究还考虑到了社会发展乐观度等主观指标。随着理论研究的渐趋完备，指标体系的基本框架也会趋于固定，后续研究主要从拓展研究范围和创新指标类型等方面进行创新。

2)高质量发展指标体系

构建合理的经济发展质量评价指标对反映地区经济发展水平来说至关重要。从指标的形式来看，指标主要分为单一指标和综合指标两种。有的学者采用人均国民生产总值、价格指数、生产效率等单一指标来衡量经济发展质量(郭庆旺 等，2005；余永泽 等，2019)。随着经济发展规模的扩大，仅用单一指标来分析经济发展存在很大的偏差，因此需要提升发展的质量和效益(徐学敏，1998)。Barro(2002)认为还应考虑健康、预期寿命、法律体系、宗教信仰、政治体制以及收入公平等因素。托马斯等(2017)提出，应综合考虑福利、教育、自然环境、资本市场抵抗外部风险的能力以及腐败等因素。卡斯特略(Castello)通过具体研究教育资源差异对经济增长的负面影响，再次强调了教育公平在经济发展过程中的重要性。萨巴蒂尼(Sabatini)认为，经济发展质量应该从社会公平、城市生态保护和人的全面发展这三个方面进行评价，包含了公共服务、社会保护、性别平等和劳动力市场等具体指标。Mlachila 等(2014)则进一步强调提升社会福利对经济发展质量的重要性。国内学者钞小静等(2011)将经济增长结构、稳定性、福利变化与成果分配、资源利用和生态环境代价四个维度界定为经济发展质量的外延内涵。何伟(2013)从创新性、有效性、稳定性、持续性、分享性、协调性六个方面构建了中国区域经济发展质量指标。宋明顺等(2015)从竞争质量、民生质量和生态质量三个维度出发，构建了宏观质量评价指标体系。易昌良(2016)以新发展理念核心内容为指导编制了中国发展指数体系，对全国 31 个省(自治区、直辖市)和 100 个地级城市、100 个县级城市的发展情况进行了研究。然而，在这一阶段，高质量发展的内涵尚未明确定义，所以学者们构建的评价指标体系之间差异很大，难以进行可比性研究。

高质量发展应该能够反映城市经济、社会、环境与人民生活各个方面，其内涵非常丰富，无法利用单一的经济指标来衡量。因此，有必要构建新时代高质量发展的评价指标体系，对高质量发展进行量化评估，从而为未来经济工作指明方向。魏敏等(2018)从中国经济建设存在的重点问题出发，充分考虑新时代高质量发展的目标与要求，从创新驱动发展、市场机制改进、经济结构优化、基础设施完善、区域协调共享、生态文明建设、产品服务优质和经济成果惠民等多个方面出发，构建了一个包含 53 个具体指标的中国省际经济高质量发展水平测度体系。任保平等(2018b)认为应从经济发展、开放发展、城乡发展、生态友好、人民生活五个方面来评价高质量发展，并给出了一些具体评价指标。马茹等(2019)则从供给、需求、效率、运行和开放五个维度，详细构建了 28 项具体指标，体现增长效益的和谐性、增长结构的协调性以及可持续性，以提升经济增长的质量和效益，实现高质量发展。孙久文(2018)结合党的十九大报告中提出的区域协调发展战略，将实现区域高质量发展的途径分解为特殊区域发展、四大板块发展、经济带发展、城市化发展、问题区域发展和陆海统筹发展等六大战略。通过研究国内外城市群建设，赵倩等(2019)认为城市群建设是区域高质量发展的重要推动力。有的学者认为实现高质量发展需要关注政府各项制度的高效运行和考核标准的与时俱进。在政府制度建设方面，冯俏彬(2018)认为政府、社会和企业通力合作是实现中国经济高质量发展的必经之路，提出政府需要不断完善中国的市场经济体制，提升要素供给效率，促进产权保护，完善社会保障体系，并准确处理好中央和地方之间、政府与市场之间的关系，以全面提升中国市场经济体制的运行效率。朱紫雯等(2019)在首届中国发展经济学学者论坛的综述中提炼出实现高质量发展的举措，强调要打造良好的制度环境，逐步缩小城乡、区域间的收入分配差距，致力于提升市场运行效率，实施绿色发展战略，提升环保考核标准等。

相较于之前的发展理念，高质量增长主要是为了缓和“人民日益增长的美好生活需要和不平衡不充分的发展之间的矛盾”。因此，部分学者选择从社会矛盾入手构建指标体系。李金昌等(2019)从“人民美好生活需要”和“不平衡不充分的发展”出发，构建了由经济活力、创新效率、绿色发展、人民生活、社会和谐等 5 个部分共 27 项指标构成的高质量发展评价指标体系。徐鹏杰(2019)从中国发展面临的主要矛盾出发，围绕推动高质量发展的重点工作和“三大攻坚战”，从社会平衡发展、环境治理、保障民生 3 个维度选取 12 个三级指标，测算中国 30 个省区市的高质量发展水平。还有一些学者根据高质量发展的内涵构建指标体系。张震等(2019)从经济发展动力、新型产业结构、交通信息基础设施、经济发展开放性、经济发展协调性、绿色发展、经济发展共享性 7 个维度构建了副省级城市经济高质量发展评价指标体系。方大春等(2019)根据新发展理念，将经济高质量发展分为创新发展、协调发展、绿色发展、开放发展与共享发展 5 个方面，并选取相应的指标测度了中国高质量发展。魏敏等(2018)基于习近平新时代中国特色社会主义思想，构建了包括创新驱动、市场主导、结构均衡、绿色环保、资源高效和以人为本 6 个子系统的经济发展方式转变测度体系，对 2016 年中国 30 个省区市经济发展方式转变的相对进程进行了评估。

在此基础上，国内众多学者开始采用中国省际数据或市际截面数据对高质量发展指标进行测算和实证研究。一些学者采用主观赋值法进行测算，如师博等(2018)构建了中国省际经济高质量发展指标体系，包括社会成果和增长的基本面两个方面，将各个指标标准化后，采用均等权重法进行赋值测算。另一些学者采用客观赋值法进行测算，包括熵值法、主成分分析法和因子分析法。如魏敏等(2018)采用熵权 TOPSIS(优劣解距离)法测算区域经济高质量发展水平，并分析其空间分布格局。孟祥兰等(2019)采用加权因子分析法，综合评价了湖北省多个地级市的高质量发展水平。詹新宇等(2016)和钞小静等(2018)利用主成分分析方法测算中国各省区市的经济增长质量。还有一些学者灵活运用数据分析工具,如方大春等(2019)结合地理信息系统,采用空间计量数据的方法,对比分析中国省际高质量发展水平的时空格局演变趋势。

目前存在的高质量发展评价体系较多,不同学者在充分理解高质量发展内涵的基础上,虽然选取了不同维度来构建评价指标体系,但这些指标体系均能对高质量发展的多维性和动态性有所体现。综合来看,高质量发展指标评价的主要维度集中在经济发展结构与效率、经济增长的持续性与稳定性、改革开放与创新发展、社会福利分配与人民共享、绿色发展与生态环境保护等层面,以新发展理念为指导,综合体现社会、经济和生态的统一。同时可以看出,目前高质量发展评价指标体系的构建方面主要存在三个问题。首先,因为高质量发展的内涵尚未达成共识,所以指标体系彼此之间差异较大,无法进行可比性研究。其次,当前的指标体系主要涵盖了衡量经济建设的可度量指标,而对于一些体现质量的指标则难以衡量。比如高质量发展关注到了"人民美好生活需要",应该如何对这种主观指标进行衡量,还有待进一步研究。最后,部分重要指标的测算没有达成共识。比如,全要素生产率是衡量高质量发展成效的重要指标,然而其测算方法却尚不统一,这部分指标的存在也为指标体系的可信度带来一定影响。

2.3.2 工业升级的相关研究

"industry"不仅能理解为"产业",还能理解为"工业",二者既有区别也有联系。工业升级既是产业升级的主要内容,也是其不可或缺的一部分。因此,研究工业升级无法脱离对产业升级的研究,而目前专门针对工业升级的研究还比较少,许多学者对工业升级的研究常贯穿于产业升级和产业结构演进的研究之中。

1.产业升级的内涵

从现有研究成果来看,学者们尚未对产业升级的内涵达成共识,大部分学者将产业升级和产业结构升级混为一谈。中国学者(姜泽华 等,2006;张彦彦,2021)将有关产业升级内涵的研究分类总结为"产业结构思路”和“价值链升级思路”。其中，“产业结构思路”是一个相对较早的概念，主要围绕产业结构升级展开研究，而“价值链升级思路”则主要涉及产业升级，源自全球价值链理论，国内学者在这方面的探讨较晚，这也是本书所研究的一个重要视角。

1)产业结构思路

对产业结构演进及产业结构升级研究比较著名的学者有配第、克拉克、霍夫曼和库兹涅茨等。除此之外，还有不少国外学者也详细探讨了产业结构升级。Chenery(1967)认为，通过消化吸收先进技术来增加产品的附加值，最终使得优势产业更迭交替的过程即为产业结构升级。Pender(2003)认为，不同行业之间的生产率能够驱使生产要素在各个行业之间不断流动，从而会产生推动经济增长的结构红利。Murakami 等(2015)则认为，非农产业的增加、服务业的工业化以及专业化、服务业的提高是产业结构升级的主要特征之一。

就国内研究来看，李强等(2022)认为工业结构升级包括工业结构的高级化与合理化。而王文倩等(2022)认为产业结构升级就是指传统产业中的劳动密集型、低技术型或附加值较低的部门在经济发展中逐渐被淘汰，然后向第三产业、资本与技术密集型或附加值较高的产业转化的过程。郭艳冰等(2022)认为国民经济向具有更高生产率的产业部门转移的过程即为产业结构升级。

综上所述，产业结构升级的内涵主要是从宏观层面出发，通过各个产业在经济中所占比重的变动来体现产业转型升级的情况。

2)价值链升级思路

全球价值链是一个以国际一体化生产为背景，以建立不同分工体系为特征的理论。在此基础上，Gereffi(1999)提出产业升级就是国家、地区或企业沿着全球价值链的价值梯次逐渐递增的变化过程。Humphrey 等(2002)认为产业升级是企业利用技术和市场来提高自身优势，从而实现功能、流程、产品及产业链等各个方面的升级。Poon 等(2004)将产业升级视为生产的产品由劳动密集型转变为资本与技术密集型的转化过程，最终得以提高产品的核心竞争力，开展高附加值产品的生产活动。Brandt 等(2016)认为限制性需求和供给面政策会对工业升级供给侧的知识、投入和资源的提供产生影响，从而影响升级需求侧的激励措施。Whitfield 等(2021)解释了马达加斯加服装出口企业在构建技术能力过程中，如何利用关系性、地方性和区域性资产来影响其出口战略选择和升级路径。

从国内研究来看，黄永明等(2006)在对中国纺织服装行业进行分析后，提出了升级的途径，即技术、市场结合与扩张。卢福财等(2010)认为，产业升级就是产业内部升级，体现在一国企业的盈利能力和增值水平上。杨玲(2017)认为产业链是产业高级化的重要体现，用劳动生产率来衡量制造业的升级。闫冰倩等(2020)认为产业升级的内涵就是从以增加生产要素为主导的发展模式转向以提高效率为主导的发展模式，从而保障产业链的稳定性与通畅性，最终实现生产效率的提高。

综上所述，产业升级的内涵主要从微观层面出发，关注产业内部的提升。即从企业的视角出发，强调以创新生产工艺技术、改进投入要素、提高生产效率、改善产品质量等方面作为主要途径，推动企业产品附加值提高。

2. *产业升级与产业结构升级的测度*

由于学术界对产业升级内涵的定义尚有争议，所以在实证研究与分析中，对其测度指标及方法的选择也不尽相同。通过梳理文献，本书发现关于产业升级与产业结构升级的测度方法主要有以下四类：

第一类是采用单一指标测度，较多学者以某一产业的总产值或就业人口作为衡量指标。姚芳等(2008)以行业总产值结构的变化作为产业结构特征的衡量指标，通过分析各地区发展水平，认为不同地区的产业结构特征存在差异。余永定等(2021)利用农业就业人口占比和农村人口占比，构建了产业升级-城市化协同指数衡量产业升级水平。李强等(2022)运用熵值法计算产业结构高级化和合理化的指标权重，将合成的指标作为产业升级指数。

第二类是采用产业结构合理化及高级化指数评价。干春晖等(2011)

认为中国 1978—2009 年的产业结构合理化和高级化指数表现出跳动式的增长态势，二者对中国经济发展具有时间性差异影响。戴魁早(2012)在对产业结构演变理论进行分析的基础上，深入探究了产业结构合理化和高度化的影响因子。

第三类是采用多目标规划、投入产出和系统动力学等模型来测度。Batty(2000)提出了关于地区产业协调度与聚集度的计算公式，并用该公式探究了特定地区的产业结构状况。Morris(2001)对英国各区域的产业关联度进行了研究，并通过投入产出模型探讨了产业关联效应。Gemba 等(2001)运用相对多元化与专业化指数、区位熵等指标对日本各地区的产业布局进行了研究。杨智峰等(2014)构建相关投入产出模型探究了不同产业在各阶段的产出增长动力。

第四类是构建综合评价的指标体系来衡量。程惠芳等(2011)从国际化能力、技术创新、经济发展、节能减排和产业提升等角度对全国 31 个省区市的产业升级水平进行了系统测度。李子伦(2014)从能源利用、研发创新和人力资本等维度构建了产业升级的指标体系，比较了经合组织与金砖五国的产业升级水平，分析发现二者差距较大。张彦彦(2021)从就业创造力、投入产出力、环境竞争力及创新产出力等维度建立了产业升级指标体系。

综上所述，第二类测度方法大多从产业结构升级的角度出发，而第四类测度方法从较常采用的产业升级角度出发。工业升级是一个内涵较广的概念，若仅使用单一指标来代表工业升级，会使测度的准确性下降。因此，本书采用构建指标体系的方法来衡量工业升级水平。

2.3.3　工业生态效率的相关研究

1. 关于生态效率的研究

生态效率最初是指适应人类发展需求的生态资源效率。国外诸多学者从多个方面深入探讨了其内涵及评价方法。DeSimone 等(2000)将生态效率视为一种商业活动，目的是在降低对环境的不利影响、有效利用资源的前提下，最大限度地获取经济效益。Korhonen 等(2004)认为生态效率体现了期望与非期望产出的关系，并利用数据包络分析法测算了欧洲24座电厂的效率。Maxime等(2006)认为工业的废气、废水及废物污染排放、资源消耗和温室气体排放是评价生态效率的重要环境指标。Alves等(2015)探究了生态效率在现实生活中的可行性，并认为生态效率是企业提高竞争优势的关键因素。Gomez-Calvet等(2016)评估了多种污染物的效率，对欧盟生态效率的演进历程进行了研究分析。Cortés等(2021)综合运用生命周期评估和数据包络分析法，对墨西哥的虾养殖生产的生态效率进行了评估。Quintano等(2021)利用随机前沿分析(SFA)方法的研究表明为增加港口活动量所做的管理努力不会损害其生态效率。

虽然中国学者在生态效率方面的研究起步较晚，但在资源紧缺与环境污染问题日趋严重的今天，生态效率已成为中国资源与环境经济学领域的一个重要课题。龙亮军(2019)通过首次建立的两阶段Super-NSBM模型，对中国城市的各阶段效率进行了测算和分析。匡远配等(2021)在水足迹理论的基础上，运用SFA模型对省际粮食生产的生态效率进行了测度，并进一步研究了农地流转产生的影响。陈明华等(2021)采用MinDS模型测算了生态效率，并对其相关影响因素进行了深入研究。

2. **关于工业生态效率的研究**

国外大部分学者将工业生态效率作为可持续发展领域的研究对象。Fernandez-Vine等(2010)以英国的钢铁行业、铝业原料与价格走势为研究对象，指出从行业角度采用相关变量来表示工业生态效率会造成较大的偏差。Dahlström等(2010)在测算工业生态效率时，不仅采用了资源效率，而且将资源生产率也包含在内。Evangelinos等(2011)提出了一个能够全面衡量固体废物生态效率的综合性概念框架。Finkbeiner等(2012)认为在构建生态资源效率的指标体系时，应当考虑原材料投入、资源消耗以及环境污染等因素。Lourenco等(2013)认为人口增长和自然资源的过度消耗可能导致不可持续性问题的发生。Matsumoto等(2021)发现中国工业生态效率在各省间差距较大，并认为研发投资、污水处理投资等因素对工业生态效率有正向影响，而国有企业比重和废气治理投资对其有负面影响。

中国学者围绕工业生态效率的内涵、测度和影响因素展开了诸多研究。高峰等(2011)利用规模报酬不变与规模报酬可变的两种投入导向模型,对各省区市的工业生态效率、相关效率值及标杆省份进行了测算。戴志敏等(2016)使用 Super-DEA 模型对省际工业生态效率进行了计算,发现外资、工业结构和研发强度与工业生态效率有显著的正向关系。李贝歌等(2021)通过 Super-SBM 模型估算了黄河流域地级市的工业生态效率,并认为工业生态效率是反映人地系统耦合状态的重要指标。董会忠等(2022)基于人力资本与科技研发的调节视角,对中国 30 个省区市的工业生态效率进行了测算,实证探究了环境规制对中国工业生态效率的驱动因素。

3. 影响工业生态效率的相关因素研究

影响工业生态效率的因素涉及经济、资源以及生态等诸多方面。陈傲(2008)运用多元回归模型进行研究,认为环保投资和行业结构与生态效率呈正相关关系。张淑英等(2013)实证研究了经济增长、行政管制、产业结构和区域位置等因素对生态效率的影响。郭露等(2016)采用 Tobit 模型,从工业结构、技术创新、环境治理等多个角度对中部地区工业生态效率的影响因素进行了深入探究。

在研究不同地区生态效率的影响因素时,忽略空间效应的传统计量模型可能会导致其实证检验出现偏差。潘兴侠等(2013)利用空间统计和误差模型进行实证研究,认为中国省际生态效率具有显著的空间关联性与集聚性。张仁杰等(2020)采用 NSBM 模型对中国省际的工业生态效率进行了测算,并利用空间计量分析模型分析区域工业生态效率的空间特征与影响机理,结果表明工业生态效率会受到产业集聚、产业结构、经济水平和环境规制等因素的影响。

以上都是关于多因素的研究,也有学者从单因素角度出发,探究其对生态效率的影响效应。余姗等(2016)从经济增长和生态质量的角度出发,研究发现 FDI(对外直接投资)对经济发展、研发创新和工业生态效率有正向影响。许学国等(2019)从正式和非正式的环境规制出发,利用多元回归模型深入分析了两种不同类型的规制对工业生态效率的作用机制。

综上所述,研究工业生态效率影响因素的方法有 Tobit 模型、空间计量和多元回归等方法,影响因素涵盖技术、行业、政策、经济和体制等多个维度。

2.3.4 工业升级与工业生态效率关系的相关研究

目前,有关工业升级与工业生态效率的关系研究较为丰富,但基本都是从产业结构升级的视角出发的。

在国家研究层面,李姝(2011)利用 GMM(广义矩估计)法实证研究了生态环境污染与区域产业结构的相关关系,指出遏制废气污染的重要途径是产业结构升级。韩楠等(2015)综合运用 VAR 模型(向量自回归模型)、方差分解等方法,探究了中国产业结构演变对生态环境的影响,认为生态环境和产业结构之间存在长期的协整关系。汪艳涛等(2020)研究了生态环境效率和产业结构升级之间的空间与交互效应,指出二者存在双向促进作用。

在省级研究层面,赵雪雁(2007)通过计算甘肃省的环境影响指数,研究了生态环境与地区产业结构的关系,认为地区产业结构升级对生态环境的影响具有一定的滞后性,但变动趋势大体相似。彭立颖等(2008)探究了上海市生态环境污染与经济发展水平的关系,认为环境保护与经济增长可以协调发展。万伦来等(2020)研究发现,产业结构升级在生产性服务业的总体集聚明显促进了区域生态效率的提升。

在区域研究层面,赵雪雁等(2005)以黑河流域为研究对象,探究了生态环境与产业结构的耦合关系,指出产业转型升级对实现经济-资源-环境综合系统的可持续性发展有正向促进作用。付丽娜等(2013)利用 Super-DEA 模型测算了长株潭城市群的生态效率,认为产业结构对其有显著的正向推动作用。蔡玉蓉等(2020)通过构建 SYS-GMM 模型(系统广义矩估计模型),研究发现产业结构升级对地区生态效率的提升有较强的正向推动作用。

2.3.5 研究评述

根据本研究的内容,本章从高质量发展、工业升级与工业生态效率的相关研究出发,对现有的文献进行了梳理。可以看出,第一,有关高质量发展的研究已经比较完善。目前学者对高质量发展的研究大部分是在界定高质量发展内涵的基础上构建高质量发展的评价指标体系，然后对高质量发展水平进行测度分析，并探索高质量发展的实现路径。高质量发展的内涵不断丰富，高质量发展评价指标正是依托其丰富内涵逐渐从单一指标转变为综合指标，涵盖了经济、社会和生态三个重要方面，越来越注重社会福利指标和生态环境的保护与治理指标。在高质量发展的综合测度方面，学者们采用了主观赋值法以及客观分析法中的主成分分析法和因子分析法来确定指标权重，从而对高质量发展进行综合评价。第二，有关工业升级的研究也已经十分完善。从产业结构变革思路到价值链升级思路，再到对二者的测度，学者们从不同的角度出发，采取了不同的测度方法。第三，有关工业生态效率测度方法和影响因素的研究也比较完善。学者们已经广泛采用 DEA（数据包络分析）模型、Malmquist 指数等方法来测算工业生态效率，并进一步采用多元回归、空间计量方法以及 Tobit 模型来研究影响工业生态效率的相关因素。第四，有关工业升级与工业生态效率的关系研究比较丰富，学者们大多都从产业结构升级的视角出发，研究了产业结构在国家、省级以及区域层面对工业生态效率的不同影响。这些研究为本研究提供了方法借鉴和思维启发，但仍然存在几个方面需要完善，主要体现在以下四个方面。

第一，在新时代背景下，目前大多数研究主要集中在两个方面：一是关于高质量发展水平指标体系构建的理论研究，二是对全国层面或者某一年份各省份的高质量发展情况评估。然而，这些研究存在一些局限，如调查样本量较小、考察时间跨度短，缺乏对各地区高质量发展长时间跨度下的全方位测度。因此，本研究通过分析国内外研究现状，对中国高质量发展的内涵进行新的阐释，在新发展理念的基础上，加入了经济运行的安全性和经济发展的稳定性等考察内容，并从创新、协调、绿色、开放、共享、效率、安全、稳定八个方面出发，构建了中国省际高质量发展的评价指标体系。然后，基于熵值法和计量分析方法对中国各地区高质量发展的驱动因素进行分析与评价，动态分析了中国 31 个省区市高质量发展水平的总体变化趋势以及在创新、协调、绿色、开放、共享、效率、安全、稳定八个方面的动态发展变化。

第二，纵观已有研究，工业升级的衡量指标尚未形成统一的标准，大部分研究从产业结构升级的角度出发，采用单一指标或者产业结构合理化与高级化指数作为测度指标。然而，工业升级不同于产业结构升级，工业升级强调在工业部门的二级细分行业中，通过改进各种生产要素、提高工业企业的生产效率、提升工业企业的产品质量以及优化工业部门产业链，最终带来工业产品附加值的提高。工业升级是一个系统性、战略性、全局性和动态性的变化过程，它涉及工业生产模式的改进、生产理念的转变等。因此，应该对工业升级水平进行系统的测度。

第三，国内外的相关文献主要集中在产业结构升级，即一二三产业结构的研究，而对于工业部门内部二级细分行业的升级效果及其特点的研究还比较少，对中国工业升级的研究还不够充分，缺少全面的分析，没有系统性呈现工业升级的实际效果，尚未对工业部门内部二级细分行业的升级情况进行细致研究。因此，有必要从工业行业的细分角度来探究中国的工业升级水平。

第四，关于工业升级对工业生态效率的影响研究还不够充分细致。现有研究要么多以省域、某一地区或城市为主，要么都是从产业结构升级的角度来研究，而本研究是以中国工业部门的 37 个细分行业为研究对象，可以较为全面地对工业细分行业间的不同特点进行分析和比较，可以更好地反映中国工业部门升级的特征，从而为工业升级与工业生态效率关系的研究提供定量验证证据。

2.4 本章小结

本章通过对高质量发展、中国高质量发展驱动机制、产业升级与产业结构升级、工业升级及工业生态效率的概念界定，系统梳理了经济增长理论、可持续发展理论、科学发展观、新发展理念、马克思和恩格斯关于经济发展的动力理论、列宁关于经济发展的动力理论、中国经济发展的动力理论、生态经济学理论、循环经济理论、工业生态学理论和高质量发展理论等方面的研究。本章在总结中国高质量发展、工业升级、工业生态效率、工业升级与工业生态效率关系等研究的基础上，归纳了中国高质量发展研究进程，并探究了工业升级及其生态效率，进而详细阐述了高质量发展中工业升级及其生态效率的现状与发展脉络，通过提供尽可能完善的理论框架和研究基础，旨在发现现有研究的不足，并力图通过本研究予以弥补。

第3章

中国高质量发展评价指标体系的构建与测度

3.1 中国高质量发展评价指标体系的构建

在2017年12月召开的中央经济工作会议上，习近平总书记提出推动高质量发展进程的制度建设要求，其中包括加快建立高质量发展指标体系、政策体系、标准体系，科学测度高质量发展水平，为高质量发展指明方向。同时，加快构建高质量发展的统计体系、绩效评价体系和政绩考核体系，以引导各地早日实现高质量发展。高质量发展指标体系是高质量发展评价系统的重要组成部分。建立高质量发展指标体系可以帮助我们了解各区域的发展现况与高质量发展目标之间的差距，校正其发展方向，它被视为将高质量发展从理论推向实践过程的有效政策工具。

3.1.1 指标构建原则

构建高质量发展评价指标体系是分析各地区高质量发展水平的前提和重要依据。因此，科学合理地构建指标体系非常重要。本章借鉴国内外学者在建立高质量发展指标体系方面的经验，结合中国的实际发展状况，认为构建高质量发展评价指标体系应该遵循以下原则。

1. **科学性**

科学性原则是指在构建高质量发展评价指标体系时，各个指标的选取应该具有科学性。具体而言，一方面这些指标必须能够客观真实地反映高质量发展的状况，或反映高质量发展中某一方面或某一特征的状况；另一方面，这些指标之间要具备一定的关联，使得所选取的全部指标能构成一套全面反映高质量发展状况的体系。

2. **动态性**

动态性原则是指在构建高质量发展评价指标体系时，所选取的用来衡量高质量发展水平的指标能动态反映中国的高质量发展状况。具体而言，所选取的指标要具备一定的时间尺度，即指标所代表的数据应该能够在不同时间段表现出不同的变化特征。从实践层面来看，所谓动态性原则就是指要收集不同年份所对应的指标数据，最终通过综合评价获得一系列动态反映高质量发展水平变化的时间序列。

3. **数据可获得性**

数据可获得性原则是指在构建高质量发展评价指标体系时，所选取的每一个指标都应该具有可量化、可比较、可操作的特点。虽然有些指标在理论层面上非常理想，但在实际操作中却难以收集。因此，在选取高质量发展的评价指标时，必须遵循各个指标的数据便于收集、能进一步进行定量处理、具备一定的可比性、计算量度和计算方法统一等基本原则。

3.1.2　指标的选取与解释

本章基于高质量发展的内涵，借鉴吴志军等(2020)、马茹等(2019)、黄庆华等(2019)、李金昌等(2019)、余泳泽等(2018，2019)、徐瑞慧(2018)、钞小静等(2009)、赵英才等(2006)、侯黄萍(2020)、简新华等(2020)和李变花(2004)关于高质量发展指标的研究成果，在科学性、动态性、数据可获得性原则的指导下，从创新、协调、绿色、开放、共享、效率、稳定、安全等八个方面，选取了 78 个三级指标来对中国高质量发展状况进行综合评价。表 3－1 是高质量发展指标体系的具体描述。

表 3－1　中国高质量发展综合指数指标体系

序号	一级指标	二级指标	三级指标	计算公式	指标方向
1	创新	创新环境	R&D 人员数	研究与试验发展(R&D)人员全时当量	＋
2			人均受教育年限	(文盲人数×1＋小学学历人数×6＋初中学历人数×9＋高中和中专学历人数×12＋大专及本科以上学历人数×16)/6 岁以上人口总数	＋
3			高等教育人数占比	专科以上学历人数/6 岁以上人口总数	＋
4			万人专利申请受理量	国内专利申请受理量/年末总人口数	＋
5		创新投入	R&D 经费投入强度	R&D 经费支出/GDP	＋
6			R&D 人员投入强度	R&D 人员全时当量/劳动力就业人口数	＋
7			地方财政科技支出占比	地方财政科技支出/地方一般公共预算支出	＋
8			R&D 经费支出增长率	(本年 R&D 经费－上年 R&D 经费)/上年 R&D 经费	＋
9			规模以上工业企业 R&D 经费支出占比	规模以上工业企业 R&D 经费支出/主营业务收入	＋
10		创新产出	技术市场成交额占比	技术市场成交额/全国总成交额	＋
11			技术市场成交金额	—	＋
12			万人发明专利授权量	年末发明专利授权量/年末总人口数	＋
13			专利授权数占比	发明专利授权数/专利申请数	＋
14			科技论文数量	国外主要检索工具收录中国科技论文数量	＋

续表

序号	一级指标	二级指标	三级指标	计算公式	指标方向
15	协调	城乡协调	城乡居民可支配收入之比	城镇居民人均可支配收入/农村居民人均可支配收入	−
16			常住人口城镇化率	城镇人口/地区年末常住人口	+
17			城乡居民消费水平之比	城镇居民人均消费支出/农村居民人均消费支出	−
18		区域协调	产业结构高级化指数	参考付凌晖设立的产业结构高级化指数：根据三次产业划分将 GDP 分为三个部分，每一个部分增加值占 GDP 的比重作为空间向量中的一个分量，从而构成一组三维向量 $\boldsymbol{X}_0=(x_{1,0},x_{2,0},x_{3,0})$。然后分别计算 $\boldsymbol{X}_0$ 与产业由低层次到高层次排列的向量 $\boldsymbol{X}_1=(1,0,0)$，$\boldsymbol{X}_2=(0,1,0)$，$\boldsymbol{X}_3=(0,1,0)$的夹角 $\theta_1,\theta_2,\theta_3$： $\theta_j=\arccos\left(\dfrac{\sum_{i=1}^{3}(x_{i,j}\cdot x_{i,0})}{(\sum_{i=1}^{3}(x_{i,j})^{\frac{1}{2}}\cdot\sum_{i=1}^{3}(x_{i,0})^{\frac{1}{2}})}\right)$， $j=1,2,3$ 定义产业结构高级化值 W 为：$W=\sum_{k=1}^{3}\sum_{j=1}^{k}\theta_j$	+
19			产业结构合理化指数	$\sum$（第 i 产业产值/总产值）×ln[（第 i 产业产值/第 i 产业从业人数）/（总产值/从业人员总数）]	−
20			区域发展差异系数	该省份生产总值增速的标准差/各省份生产总值增速的平均值	−
21			产业结构与就业结构偏离度	$\sum$|三次产业 GDP 比重−三次产业从业人员比重|	−

续表

序号	一级指标	二级指标	三级指标	计算公式	指标方向
22	绿色	资源利用	用水总量	—	−
23			人均水资源量	—	+
24			用电总能耗	—	−
25		环境治理	工业污染治理完成投资	—	+
26			工业废水排放总量	—	−
27			污水日处理能力	—	+
28			二氧化硫排放量减少量	本年排放量−上年排放量	+
29			森林覆盖率	—	+
30		绿色生活	建成区绿化覆盖率	—	+
31			生活垃圾无害化处理率	—	+
32			农药使用量	—	−
33	开放	经济开放	对外贸易系数	进出口总额/GDP	+
34			国际旅游收入占比	国际旅游(外汇)收入/GDP	+
35			实际利用外资占比	实际利用外资/GDP	+
36		技术开放	外商投资企业数	—	+
37			技术引进经费占比	技术引进经费/R&D经费支出	+
38			外商投资企业注册资本	—	+
39		社会开放	互联网普及率	—	+
40			网民人数	—	+
41			接待国际游客人次	—	+
42			入境旅游外国人数占比	入境旅游外国人数/入境旅游人数	+

续表

序号	一级指标	二级指标	三级指标	计算公式	指标方向
43	共享	人民生活共享	居民人均可支配收入	—	+
44			人均居民消费水平	居民消费总额/常住人口	+
45			人均可支配收入占比	人均可支配收入/人均 GDP	+
46			每百户城镇家庭家用汽车拥有量	—	+
47		社会环境共享	医疗保险覆盖率	城镇基本医疗保险参保人数/城镇人口	+
48			每万人拥有公共交通车辆	—	+
49			每万人拥有图书馆藏书量	—	+
50			人均文化体育与传媒财政支出	文化体育与传媒财政支出/常住人口	+
51			人均教育财政支出	教育财政支出/常住人口	+
52			人均医疗卫生与计划生育财政支出	医疗卫生与计划生育财政支出/常住人口	+
53	效率	市场效率	市场活力指数	1－国有固定资产总投资/全社会固定资产总投资	+
54			投资效果系数	GDP 增加额/上年固定资产投资总额	+
55		资源利用效率	单位能耗产出率	GDP/能源消费总量	+
56			单位 GDP 耗电量	用电总能耗/GDP	—
57			单位 GDP 用水量	用水总量/GDP	—
58		生产效率	第三产业增加值占比	第三产业增加值/GDP	+
59			劳动生产率	GDP/劳动力就业人口数	+
60			资本生产率	GDP/全社会固定资产总投资	+
61			工业企业效率	规模以上工业企业销售产值/主营业务成本	+

续表

序号	一级指标	二级指标	三级指标	计算公式	指标方向
62	稳定	社会稳定	每万人被刑事批捕量	—	−
63			每万人被刑事起诉量	—	−
64			城镇登记失业率	—	−
65			交通事故发生数	—	−
66			失业保险覆盖率	参加失业保险人数/劳动力人数	+
67		经济稳定	经济增长波动率	本年增长率－上年增长率	+
68			财政收入占比	财政收入/GDP	+
69			通货膨胀率	居民消费价格指数	+
70	安全	金融财政安全	商业银行不良贷款率	不良贷款余额/总贷款余额	−
71			规模以上企业资产负债率	规模以上企业总负债与总资产的比值	−
72			国防支出比重	国防地方财政支出/地方财政支出	+
73		产业安全	进口依存度	进口/GDP	−
74			固定资产投资增长率	(本年固定资产投资－上年固定资产投资)/上年固定资产投资	+
75			工业企业出口占比	规模以上工业企业出口交货值/规模以上工业企业工业销售产值	+
76		战略资源安全	天然气进口依存度	天然气进口量/天然气消费量	−
77			人均粮食产量	粮食总量/常住人口	+
78			石油进口依存度	油品进口量/油品消费量	−

1. 创新

现代化经济体系建设离不开创新发展战略，创新是实现高质量发展动能转换的关键。创新维度的二级指标包括创新环境、创新投入及创新产出。其中，创新环境主要通过该地区驱动创新能力发展所必备的人力和创新意愿等基础条件的支撑情况来反映，其三级指标共设 4 个评价指标，包括 R&D 人员数、人均受教育年限（钞小静 等，2009）、高等教育人数占比和万人专利申请受理量。创新投入主要通过创新的人力财力投入情况来反映，其三级指标共设 5 个评价指标，包括 R&D 经费投入强度、R&D 人员投入强度（马茹 等，2019）、地方财政科技支出占地方财政支出比重、R&D 经费支出增长率和规模以上工业企业 R&D 经费支出占主营业务收入比重。创新产出主要通过论文、专利、技术成果的成交额反映创新中间产出结果，其三级指标共设 5 个评价指标，包括技术市场成交额占全国总成交额比重、技术市场成交金额、万人发明专利授权量、专利授权数占专利申请数的比重和科技论文数量。

2. 协调

协调是可持续发展的内在要求，其根本目的是要增强中国发展的整体协调性。协调维度的二级指标包括城乡协调和区域协调。其中，城乡协调主要通过城乡收入分配、消费差距及城镇化进程来反映，其三级指标共设 3 个评价指标，包括城乡居民可支配收入之比（马茹 等，2019）、常住人口城镇化率和城乡居民消费水平之比（张军扩 等，2019）。区域协调主要通过各区域的产业发展、就业情况及经济发展情况来反映，其三级指标共设 4 个评价指标，包括产业结构高级化指数、产业结构合理化指数、区域发展差异系数以及产业结构与就业结构偏离度。

3. 绿色

高质量发展强调生态文明和环境保护，绿色发展是生态文明建设的必然要求。绿色维度的二级指标包括资源利用、环境治理和绿色生活。其中，资源利用主要通过资源的消耗和储量来反映，其三级指标共设 3 个评价指标，包括用水总量、人均水资源量和用电总能耗。环境治理主要通过环境治理的投资力度及治理结果来反映，其三级指标共设 5 个评价指标，包括工业污染治理完成投资（赵英才 等，2006）、工业废水排放总量（黄庆华 等，2019）、污水日处理能力、二氧化硫排放量减少量（徐瑞慧，2018）和森林覆盖率。绿色生活主要通过居民环保和节俭的生活方式来反映，其三级指标共设 3 个评价指标，包括建成区绿化覆盖率、生活垃圾无害化处理率和农药使用量。

4. **开放**

开放是国家繁荣发展的必由之路，是追随世界经济发展趋势的客观选择。开放的二级指标包括经济开放、技术开放和社会开放。其中，经济开放主要通过该地区与国外的资金往来情况来反映，其三级指标共设 3 个评价指标，包括对外贸易系数（钞小静 等，2009）、国际旅游收入占比和实际利用外资占比。技术开放主要通过该地区与外国企业的技术投资情况来反映，其三级指标共设 3 个评价指标，包括外商投资企业数、技术引进经费与 R&D 经费支出之比以及外商投资企业注册资本。社会开放主要通过信息、旅游等方面的开放程度来反映，其三级指标共设 4 个评价指标，包括互联网普及率、网民人数、接待国际游客人次和入境旅游外国人数占比。

5. **共享**

共享发展作为中国道路实践经验的概括和总结，彰显了中国道路的鲜明特色，明确了未来中国道路的实践方向。共享的二级指标包括人民生活共享及社会环境共享。其中，人民生活共享主要通过居民的生活水平来反映，其三级指标共设 5 个评价指标，包括居民人均可支配收入、人均居民消费水平、人均可支配收入与人均 GDP 之比以及每百户城镇家庭家用汽车拥有量。社会环境共享主要通过社会保障及基本公共服务方面来反映，其三级指标共设 6 个评价指标，包括医疗保险覆盖率、每万人拥有公共交通车辆、每万人拥有图书馆藏书量、人均文化体育与传媒财政支出、人均教育财政支出和人均医疗卫生与计划生育财政支出。

6. **效率**

中国经济的发展方式需要从规模速度型转向质量效率型，因为效率决定成就。效率的二级指标包括市场效率、资源利用效率和生产效率。其中，市场效率主要通过资产投资的多少来反映，其三级指标共设 2 个评价指标，包括市场活力指数与投资效果系数（李变花，2004）。资源利用效率主要通过单位耗能量来反映，其三级指标共设 3 个评价指标，包括单位能耗产出率（李变花，2004）、单位 GDP 耗电量和单位 GDP 用水量。生产效率主要通过生产活动的效益来反映，其三级指标共设 4 个评价指标，包括第三产业增加值占比（黄庆华 等，2019）、劳动生产率（李变花，2004）、资本生产率（钞小静 等，2009）与工业企业效率。

7. **稳定**

稳定是一个国家乃至世界经济社会发展的必要前提。没有稳定，发展既不会稳固，也不会持久。稳定的二级指标包括社会稳定和经济稳定。其中，社会稳定主要通过社会保障、犯罪率等相关指标来反映，其三级指标共设 5 个评价指标，包括每万人被刑事批捕量、每万人被刑事起诉量、城镇登记失业率（钞小静 等，2009）、交通事故发生数与失业保险覆盖率。经济稳定主要通过与经济波动相关的指标来反映，其三级指标共设 3 个评价指标，包括经济增长波动率（李变花，2004）、财政收入占比和通货膨胀率（钞小静 等，2009）。

8. **安全**

国家安全是国家生存和发展最基本、最重要的前提。安全的二级指标包括金融财政安全、产业安全与战略资源安全。其中，金融财政安全主要通过企业状况及国防状况来反映，其三级指标共设 3 个评价指标，包括商业银行不良贷款率、规模以上企业资产负债率和国防支出比重。产业安全主要通过产业进口依存度及其发展情况来反映，其三级指标共设 3 个评价指标，包括进口依存度、固定资产投资增长率和工业企业出口占比。战略资源安全主要通过相关资源的进出口及其储量情况来反映，其三级指标共设 3 个评价指标，包括天然气进口依存度、人均粮食产量和石油进口依存度。

3.2　数据来源

第 3 章至第 5 章主要年度（2000—2017 年）数据来源于各省区市官方发布的统计年鉴、国家统计局数据以及各省区市官方发布的年度国民经济和社会发展统计公报等。由于部分数据在年鉴和公报中暂未公布，因此我们采用了在线搜索的方法来搜集这些数据，充分利用 Wind（万得）金融终端数据库与 CEIC 数据库（中国经济数据库）进行搜集，对于其他少量缺失的统计数据运用插值法进行填补。

3.3 中国高质量发展综合评价指数的测度

3.3.1 确定指标权重常用的方法

1. **主观赋权法**

主观赋权法是研究人员根据自己的主观价值判断赋予各指标权重的方法。常用的主观赋权法有层次分析法、专家调查法(德尔菲法)、相对指数评分法和等权重法等。层次分析法是在构建有序递阶评价指标体系的基础上,通过比较同一层次各个指标的相对重要性和一致性,经过检验后计算指标的权重的方法。这种方法的优点是综合考虑了不同层次因素的重要性,从而使得各指标权重趋于合理。其缺点就是采用了分级定量法赋值,并在构建各个层次因素的权重判断矩阵时,容易造成同一层次各因素间存在倍数关系,影响权重的合理性。专家调查法(德尔菲法)主要根据专家对指标的重要性打分来确定权重,重要性得分越高,权重就越大。这种方法的优点是涵盖了较多专家的意见,其缺点是通过打分难以保证权重的合理性。相对指数评分法是基于主观判断,根据经验确定一些评价因素与评分等级来筛选指标的方法。等权重法是指将所有指标赋予相同的权重的方法,适用于认为每个指标的重要性程度都相同的指标。

2. **客观赋权法**

客观赋权法是一种利用数理统计方法对各指标值进行分析处理后得出权重的方法,主要包括主成分分析法、熵值法和因子分析法等。主成分分析法是指标权重等于主成分的方差贡献率,对该指标在各主成分线性组合中的系数加权平均并进行归一化来计算权重,但当主成分的因子负荷的符号有正有负时,综合评价函数的意义就不明确。熵值法是一种客观赋权方法,它通过计算指标的信息熵来确定权重,根据指标的相对变化程度对总体的影响来确定指标的权重,一般适用于连续型变量,具有较好的区分能力,算法简单,便于实施,不需要借助其他分析软件,但它不能考虑指标之间的相关性。因子分析法主要是将多个相关性指标转换为少数不相关的代表性因子，利用降维思想解决指标相关性问题的方法。尽管这种方法降低了维度，但其公共因子没有具体的经济含义，且在计算因子得分时所使用的最小二乘法有时可能会失效。

3. **主客观赋权法(组合赋权法)**

主客观赋权法是一种将主观赋权法和客观赋权法的结果按照一定方式组合起来的方法。客观赋权法完全依赖于样本数据，当样本数据变化时，权重也会发生变化，只能运用已知信息来最大限度地挖掘系统的规律。主观赋权法方法简单，但人为主观因素太强。这两种方法都有一定程度的信息损失，采用主客观方法的组合赋权就是为了能够最大限度地减少信息损失，使赋权结果尽可能接近实际情况。本章运用主客观组合赋权的方法确定权重，以减少单独使用一种方法确定权重的片面性。

3.3.2　熵值法的具体步骤

熵值法利用数据的离散程度来确定指标的权重。信息量越大，熵值越小。熵值法能够较为客观地反映指标信息熵的效用价值，避免了使用主观赋权法造成结果不稳定的现象，一般适用于连续型变量。

具体计算步骤如下：

第一，对各指标序列进行无量纲化处理。

对于正向指标，有

$$X_{tn} = \frac{x_{tn} - \min(x_{1n}, x_{2n}, \cdots, x_{Tn})}{\max(x_{1n}, x_{2n}, \cdots, x_{Tn}) - \min(x_{1n}, x_{2n}, \cdots, x_{Tn})}$$

对于负向指标，有

$$X_{tn} = \frac{\max(x_{1n}, x_{2n}, \cdots, x_{Tn}) - x_{tn}}{\max(x_{1n}, x_{2n}, \cdots, x_{Tn}) - \min(x_{1n}, x_{2n}, \cdots, x_{Tn})}$$

式中，x_{tn}表示标准化处理前第 t 年第 n 项指标的值；X_{tn}表示标准化处理后第 t 年第 n 项指标的值；T 为总时期数。

第二，指标归一化处理。第 t 年第 n 项指标的比重为

$$P_{tn} = \frac{X_{tn}}{\sum_{t=1}^{T} X_{tn}}$$

第三，计算指标信息熵

$$E_n = -k\sum_{t=1}^{T} P_{tn}\ln P_{tn}$$

式中，$k=\dfrac{1}{\ln T}$，有 $0\leqslant E_n\leqslant 1$。

第四，基于信息熵E_n计算各指标权重w_n：

$$w_n = \frac{1-E_n}{\sum_{n=1}^{N}(1-E_n)}$$

式中，N 为总指标个数。

第五，基于指标权重，计算高质量发展 y 个子维度的指数：

$$I_d = \frac{\sum_{n\in S_d} w_n X_n}{\sum_{n\in S_d} w_n}$$

式中，I_d表示第 d 个维度的指数；$X_n=\{X_{1n},X_{2n},\cdots,X_{Tn}\}$；$S_d$表示在指标向量空间中属于第 d 个维度的部分。

第六，基于 y 个子维度的指数，以等权重加权得到高质量发展指数：$I=\dfrac{1}{y}\sum_{d=1}^{y} I_d$，该式得到的指数越大表明发展质量越高。

3.3.3 测度方法的选择

由于高质量发展评价指标体系是一个多指标的评价系统，因此在进行综合评价前先要明确各个指标的权重，然后将其合为单一指数进行计算。本章的指标权重采用主观赋权法和客观赋权法相结合的方法来确定。

考虑到二、三级指标的复杂性和多样性，采用熵值法（客观赋权法）赋权比较科学，有理论依据，相对主观赋权具有较高的可信度和精确度。考虑到八个一级指标对中国高质量发展具有同等重要程度，采用等权重法（主观赋权法）赋权更能真实反映中国高质量发展情况。表 3－2 列出了中国高质量发展综合指数指标体系中各指标的权重。

表 3－2　中国高质量发展综合指数指标权重表

序号	一级指标	二级指标	三级指标	指标方向	权重/%
1	创新(12.5%)	创新环境(3.17%)	R&D 人员数	+	0.96
2			人均受教育年限	+	0.11
3			高等教育人数占比	+	0.53
4			万人专利申请受理量	+	1.57
5		创新投入(2.27%)	R&D 经费投入强度	+	0.55
6			R&D 人员投入强度	+	0.95
7			地方财政科技支出占比	+	0.47
8			R&D 经费支出增长率	+	0.09
9			规模以上工业企业 R&D 经费支出占比	+	0.21
10		创新产出(7.06%)	技术市场成交额占比	+	1.69
11			技术市场成交金额	+	2.37
12			万人发明专利授权量	+	1.57
13			专利授权数占比	+	0.14
14			科技论文数量	+	1.29
15	协调(12.5%)	城乡协调(6.16%)	城乡居民可支配收入之比	－	1.36
16			常住人口城镇化率	+	3.79
17			城乡居民消费水平之比	－	1.01
18		区域协调(6.34%)	产业结构高级化指数	+	3.33
19			产业结构合理化指数	－	0.87
20			区域发展差异系数	－	0.38
21			产业结构与就业结构偏离度	－	1.76
22	绿色(12.5%)	资源利用(4.01%)	用水总量	－	0.49
23			人均水资源量	+	3.30
24			用电总能耗	－	0.22
25		环境治理(7.16%)	工业污染治理完成投资	+	2.72
26			工业废水排放总量	－	0.28
27			污水日处理能力	+	2.50
28			二氧化硫排放量减少量	+	0.08
29			森林覆盖率	+	1.58
30		绿色生活(1.33%)	建成区绿化覆盖率	+	0.27
31			生活垃圾无害化处理率	－	0.58
32			农药使用量	－	0.48

续表

序号	一级指标	二级指标	三级指标	指标方向	权重/%
33	开放（12.5%）	经济开放（5.27%）	对外贸易系数	+	2.08
34			国际旅游收入占比	+	1.80
35			实际利用外资占比	+	1.39
36		技术开放（0.18%）	外商投资企业数	+	0.06
37			技术引进经费占比	+	0.07
38			外商投资企业注册资本	+	0.05
39		社会开放（7.05%）	互联网普及率	+	1.35
40			网民人数	+	2.06
41			接待国际游客人次	+	3.29
42			入境旅游外国人数占比	+	0.35
43	共享（12.5%）	人民生活共享（4.82%）	居民人均可支配收入	+	1.23
44			人均居民消费水平	+	1.35
45			人均可支配收入占比	+	0.35
46			每百户城镇家庭家用汽车拥有量	+	1.90
47		社会环境共享（7.68%）	医疗保险覆盖率	+	0.87
48			每万人拥有公共交通车辆	+	1.74
49			每万人拥有图书馆藏书量	+	0.50
50			人均文化体育与传媒财政支出	+	1.61
51			人均教育财政支出	+	1.40
52			人均医疗卫生与计划生育财政支出	+	1.56
53	效率（12.5%）	市场效率（0.41%）	市场活力指数	+	0.05
54			投资效果系数	+	0.36
55		资源利用效率（3.22%）	单位能耗产出率	+	2.72
56			单位 GDP 耗电量	−	0.35
57			单位 GDP 用水量	−	0.15
58		生产效率（8.87%）	第三产业增加值占比	+	1.77
59			劳动生产率	+	3.97
60			资本生产率	+	2.36
61			工业企业效率	+	0.77

续表

序号	一级指标	二级指标	三级指标	指标方向	权重/%
62	稳定（12.5%）	社会稳定（7.33%）	每万人被刑事批捕量	−	0.75
63			每万人被刑事起诉量	−	0.43
64			城镇登记失业率	−	0.44
65			交通事故发生数	−	0.36
66			失业保险覆盖率	+	5.34
67		经济稳定（5.17%）	经济增长波动率	+	0.58
68			财政收入占比	+	3.60
69			通货膨胀率	+	0.99
70	安全（12.5%）	金融财政安全（2.78%）	商业银行不良贷款率	−	0.33
71			规模以上企业资产负债率	−	0.30
72			国防支出比重	+	2.15
73		产业安全（6.19%）	进口依存度	−	0.49
74			固定资产投资增长率	+	0.17
75			工业企业出口占比	+	5.54
76		战略资源安全（3.53%）	天然气进口依存度	−	0.06
77			人均粮食产量	+	3.14
78			石油进口依存度	−	0.32

3.4 本章小结

本章首先基于高质量发展的内涵，并借鉴前人的相关研究，在科学性、动态性、数据可获得性原则的指导下，从创新、协调、绿色、开放、共享、效率、稳定、安全八个方面，选取了 78 个三级指标对中国高质量发展状况进行综合评价，并明确了数据来源。其次，确定运用主客观组合赋权的方法来确定权重，并详细说明熵值法的具体步骤。最后，编制中国高质量发展综合指数以及创新、协调、绿色、开放、共享、效率、稳定、安全八个方面的发展指数。

第4章

中国高质量发展水平的测度与分析

本章以2000—2017年中国各省区市的高质量发展综合指数以及创新、协调、绿色、开放、共享、效率、稳定、安全八个方面的发展指数，分纵向时间序列与横向地域空间序列进行各地区高质量发展水平的趋势比较，深度挖掘各地区在各维度上高质量发展水平的变化情况。

为了能直观对比四大区域之间高质量发展水平的差异，本章将31个省际区域进行划分，并以每个区域涵盖省区市的发展水平均值代表该区域的整体发展水平。根据2011年国家统计局地区分类标准，将31个省际区域进行如下划分，见表4-1。

表4-1 中国四大区域省区市构成

区域	各区域所含省区市
东部地区	北京、天津、河北、上海、江苏、浙江、福建、山东、广东、海南
中部地区	山西、安徽、江西、河南、湖北、湖南
西部地区	内蒙古、广西、重庆、四川、贵州、云南、西藏、陕西、甘肃、青海、宁夏、新疆
东北地区	辽宁、吉林、黑龙江

4.1　中国高质量发展水平演变趋势

依据 2000—2017 年中国高质量发展水平的测算结果，绘制中国高质量发展水平的演变趋势图（见图 4－1），可以对 2000—2017 年中国高质量发展水平的变化情况进行分析。

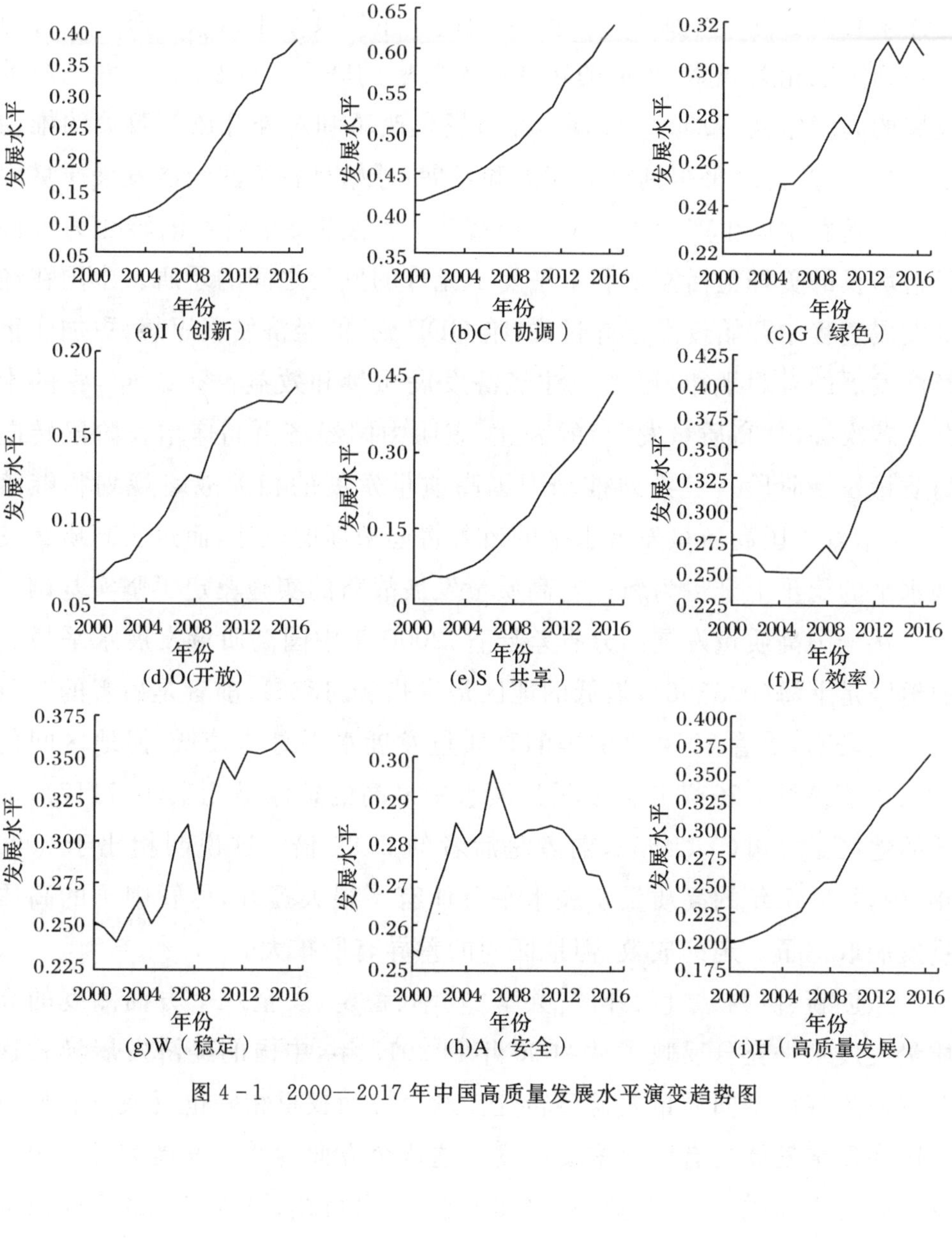

图 4－1　2000—2017 年中国高质量发展水平演变趋势图

4.1.1 总体高质量发展水平

从图4-1的中国高质量发展水平来看，考察期内，中国高质量发展水平整体呈现持续增长的态势，由2000年的0.2升至2017年的0.366。其中，2010年的增幅最为显著，得分增长了0.0209，增长幅度为8.24%。总体来看，从2000年到2017年，中国高质量发展水平持续向好的趋势与一系列国家相关战略、政策的转变有着紧密的联系，反映了国家对高质量发展的高度重视。2000年以前，在市场化改革和对外开放等政策的推动下，中国生产力水平得到迅速复苏和发展，开始具备关注经济发展质量的条件。随着中国生产力水平进一步提高，社会主要矛盾逐渐转化为人民日益增长的美好生活需要和不平衡不充分的发展之间的矛盾。中国在经济发展过程中开始逐渐摒弃过去“唯GDP论”的经济发展思想，更加注重经济发展的客观规律，更加关注经济发展质量和效益。2017年，党的十九大首次提出“高质量发展”的表述，表明中国经济由高速增长阶段转向高质量发展阶段。一系列推动中国高质量发展的相关战略规划相继落地，预示着中国高质量发展水平的改善将迎来新的机遇，而过去高质量发展水平的稳步上升也为新一轮高质量发展战略的实施奠定了坚实基础。

从全国高质量发展的分省差异看，2000年中国高质量发展水平最高的地区是上海(0.3358)，最低的地区是贵州(0.1336)，前者是后者的2.51倍。这表明，尽管2000年中国的高质量发展水平总体较低，但地区间仍存在显著差异。2017年高质量发展水平最高的地区是北京(0.7117)，最低的地区是甘肃(0.2465)，前者是后者的2.89倍。这说明相比于2000年，中国2017年的高质量发展水平总体有了很大提升，尽管中国的高质量发展取得了一定的成效，但地区间的差异有所扩大。

从创新、协调、绿色、开放、共享、效率、稳定、安全八个方面测度的高质量发展水平充分反映了从2000年到2017年，中国的经济发展模式逐渐从速度规模型向质量效益型转变。八个方面权重相等也反映了它们对中国高质量发展具有同等重要程度。这八个方面的并行发展为推动中国发展朝着更高质量、更有效率、更加公平、更可持续、更为安全的方向前进奠定了坚实基础。接下来，将从创新、协调、绿色、开放、共享、效率、稳定、安全八个方面分析中国高质量发展水平的演变趋势。

4.1.2　创新发展水平

从图 4-1(a)的中国创新发展水平来看，2000—2017 年，中国创新发展水平整体呈现快速增长的态势，由 2000 年的 0.0797 升至 2017 年的 0.3823。其中，2015 年的增幅最为显著，得分增长了 0.0454，增长幅度为 14.83%。“十五”期间(2001—2005 年)，中国科技发展的宏观环境不断改善，形成了鼓励创新、重视知识产权保护的氛围，极大地激发了科技研究人员的积极性和创造性，产生了一批具有重大影响的原始创新成果。“十一五”期间(2006—2010 年)，中国多项科技重点工程和重大项目取得丰硕成果，为经济社会发展提供了有力支撑，奠定了中国成为创新型国家的坚实基础。“十二五”期间(2011—2015 年)，中国科技进步与创新的步伐加快，科技创新的地位越发重要。特别是党的十八大以来，党中央高度重视科技创新，实施创新驱动发展战略，大力推动以科技创新为核心的全面创新。国家科技进步和创新能力明显增强，整体水平加速从量的增长向质的提升阶段迈进，科技支撑引领经济社会发展取得显著成效。“十三五”期间(2016—2020 年)，中国科研机构和高等院校的科研水平、人才培养能力进一步提升，企业技术创新的主体地位不断增强，创新创业在全社会蔚然成风。创新发展水平的大幅提升是推动中国高质量发展水平的主要原因之一。

从创新发展的分省差异看，2000 年创新发展水平最高的地区是北京(0.2647)，最低的地区是贵州(0.0244)，前者是后者的 10.85 倍。这表明，2000 年中国的创新发展水平总体较低，且地区间创新发展水平差异巨大。2017 年创新发展水平最高的地区是北京(1.5293)，最低的地区是青海(0.1059)，前者是后者的 14.44 倍。这说明相比于 2000 年，中国 2017 年的创新发展水平稳步提升，但发展不平衡和不充分的问题依然存在。

在整个高质量发展指标体系中，创新环境、创新投入及创新产出的权重分别为3.17%、2.27%和7.06%。其中，创新产出所占比重最高(7.06%)，这表明创新产出是衡量创新发展水平的关键因素，也是创新驱动发展和创新型国家建设的重要标志。2017年创新产出水平得分排名前四位的地区为北京、江苏、上海和广东，排名靠后的省份多处于西部地区，并且其创新产出水平差异较大。从创新环境、创新投入及创新产出三个方面测度的创新发展水平来看，中国已基本形成了多个创新集聚区：以北京为中心的京津冀创新集聚区，以上海为中心的长三角创新集聚区，以广州为中心的珠三角创新集聚区，以及以四川、重庆、湖北和陕西为中心的区域性创新集聚区。

4.1.3 协调发展水平

从图4-1(b)的中国协调发展水平来看，2000—2017年，中国协调发展水平整体呈现平稳增长的态势，由2000年的0.4121升至2017年的0.6178。其中，2015年的增幅最为显著，得分增长了0.0454，增长幅度为8.03%。中国协调发展水平平稳增长的趋势与国家相关战略与政策的转变有着密切联系，反映了国家对协调发展的高度重视。党的十六届三中全会提出了"统筹区域发展"，开始将协调发展提升到重要位置。此次会议提出了积极推进西部大开发、推动中部崛起、振兴东北老工业基地等一系列国家重要战略举措，都体现了国家对区域协调发展的重视。"十一五"规划期间(2006—2010年)将"促进区域协调发展"内容正式列入规划范围，开始具体落实"统筹区域发展"的指导思想，并积极探索建立区域协调发展机制。"十二五"规划期间(2011—2015年)基本延续了前一个五年规划的措施，持续在主体功能区建设、经济结构优化、区域利益协调等方面进行努力。"十三五"规划期间(2016—2020年)深入实施区域协调发展战略，不断完善相关政策体系，对老少边贫等特殊类型地区加快振兴发展。中国协调发展水平的稳步提高，说明了协调发展相关政策的推进取得了良好的实践效果。

从协调发展的分省差异看，2000年中国协调发展水平最高的地区是上海(0.8707)，最低的地区是云南(0.1421)，前者是后者的6.13倍。这说明在 2000 年，中国的协调发展水平总体处于中等偏下水平，地区间存在较大差距。2017 年协调发展水平最高的地区是北京(0.9296)，最低的地区是贵州(0.4235)，前者是后者的 2.20 倍。这说明相比于 2000 年，中国 2017 年在城乡协调和区域协调方面的协调水平总体有了较大提升，地区间的差异有所缩小，高协调发展水平的城市多集聚于东部沿海地区。

协调是实现持续健康发展的内在要求，本章测度的协调发展水平包括了城乡协调和区域协调两个方面。在整个高质量发展指标体系中，城乡协调和区域协调的权重分别为 6.16%和 6.34%，这两个方面的权重相当，表明中国的发展不仅要注重城乡间的协调，还要注重区域间的协调。城乡协调要向乡村振兴转变，缩小乡村之间的差距，而区域协调发展则包括各个地区的协调发展以及大城市群之间的协调发展。

4.1.4　绿色发展水平

从图 4-1(c)的中国绿色发展水平来看，2000—2017 年，中国绿色发展水平整体呈现小幅波动增长的态势，由 2000 年的 0.2282 升至 2017 年的 0.3066。其中，2005 年的增幅最为显著，得分增长了 0.0167，增长幅度为 7.14%；2016 年达到峰值 0.3135。改革开放后，中国共产党领导全国人民不断攻克阶段性的复杂生态环境问题，努力实现经济社会发展与生态环境保护的同步推进。特别是党的十八大以来，在习近平生态文明思想的指引下，中国加强了生态文明体制改革，领导全国人民全面开展生态文明建设，通过系统治理和全面改革，使得生态环境质量不断改善，绿色增长的动力和能力明显增强。

从绿色发展的分省差异看，2000 年中国绿色发展水平最高的地区是海南(0.3354)，最低的地区是宁夏(0.1367)，前者是后者的 2.45 倍。这说明在 2000 年，中国的绿色发展水平总体处于较低水平，且地区间存在一定差异。2017 年绿色发展水平最高的地区是广东(0.5003)，最低的地区是宁夏(0.1807)，前者是后者的 2.77 倍。这说明相比于 2000 年，中国 2017 年的绿色发展水平总体有了一定程度的提升，地区间差距变化不大。

绿色发展是生态文明建设的必然要求，本章测度的绿色发展水平包括资源利用、环境治理和绿色生活三个方面，在整个高质量发展指标体系中的权重分别为4.01%、7.16%和1.33%。其中环境治理所占比重最高(7.16%)，充分表明了生态优势与经济发展的紧密联系。解决好中国突出的环境问题，不仅是改善环境民生的迫切需要，也是加强生态文明建设的迫切任务。在党的十九大报告明确绿色发展是中国从速度经济转向高质量发展的重要标志后，广东、浙江、山东等地在2017年加大了对环境治理的投入，使得其绿色发展水平在2017年位列前三。

4.1.5 开放发展水平

从图4-1(d)的中国开放发展水平来看，2000—2017年，中国开放发展水平整体呈现小幅波动增长的态势，由2000年的0.0659升至2017年的0.1778。其中，2010年的增幅最为显著，得分增长了0.0197，增长幅度为15.8%。2001年，中国加入世界贸易组织(WTO)，加速融入全球贸易体系，这成为中国开放型经济发展的重要节点。中国为兑现入世承诺，不断深化改革，由此产生的制度性红利极大促进了中国对外贸易的发展。2008年全球金融危机爆发后，中国果断采取措施，尽量将外部冲击对中国经济的影响降到最低，在此期间，中国外贸和外商投资仅出现短期的略微下滑，表现在图4-1(d)中就是2008年到2009年的开放发展水平有小幅下降。中国在2013年成为世界第一大货物贸易国，实现了由“贸易小国”向“贸易大国”的转变。2014年中国对外投资额首次超过利用外资额，表明中国进入了引入外资和对外投资并重发展的新阶段。中国不断加快构建开放型经济体制，对外开放的深度和广度得到进一步拓展。

从开放发展的分省差异看，2000年中国开放发展水平最高的地区是广东(0.2734)，最低的地区是江西(0.0221)，前者是后者的12.37倍。这说明在2000年，中国的开放发展水平总体处于低水平，且地区间差异巨大。2017年开放发展水平最高的地区是广东(0.7443)，最低的地区是甘肃(0.0677)，前者是后者的11.00倍。这说明相比于2000年，中国2017年的开放发展水平总体有一定提升，但地区间的差异仍较大。

开放是新时代实现高质量发展的必然要求，本章测度的开放发展水平包括经济开放、技术开放和社会开放三个方面，在整个高质量发展指标体系中的权重分别为 5.27%、0.18%和 7.05%，表明了社会开放和经济开放对整个国家的发展起着举足轻重的作用，而对于科学技术而言，更重要的是自主创新，是在开放环境下进行的创新，其相对权重较低。

4.1.6　共享发展水平

从图 4－1(e)的中国共享发展水平来看，2000—2017 年，中国共享发展水平整体呈现持续增长的态势，由 2000 年的 0.0406 升至 2017 年的 0.4202。其中，2011 年的增幅最为显著，得分增长了 0.0425，增长幅度为 24.01%。进入 21 世纪以后，党中央提出科学发展观，强调要构建社会主义和谐社会，建设社会主义新农村等，更加强调社会公平，强调要让广大人民群众共享改革发展成果，为共享发展思想的正式提出孕育了条件。党的十八大以来，以习近平同志为核心的党中央将共享发展的内涵、重要性和目标置于更广阔、更深刻的新时代背景中，在共同富裕理论的基础上正式提出共享发展理念，开创了共享发展思想的新境界，如"精准脱贫"的战略要求就强力保障了共享发展的实践推进，共享发展已成为高质量发展的根本目的。

从共享发展的分省差异看，2000 年中国共享发展水平最高的地区是上海(0.1532)，最低的地区是河南(0.0213)，前者是后者的 7.19 倍。这说明在 2000 年，中国的共享发展水平总体处于很低水平，且地区间差异较大。2017 年共享发展水平最高的地区是北京(0.7834)，最低的地区是黑龙江(0.2918)，前者是后者的 2.68 倍。这说明相比于 2000 年，中国 2017 年的共享发展水平总体有了很大提升，共享发展取得了一定成效，且地区间的差异大大缩小。

共享是中国社会发展的目标和归宿，本章测度的共享发展水平包括人民生活共享和社会环境共享两个方面，在整个高质量发展指标体系中的权重分别为 4.82%和 7.68%，表明了现阶段社会保障、基本公共服务等对共享发展的意义重大。共享发展水平的稳步上升，意味着居民收入、生活品质、社会公共服务水平稳步提升，人民拥有更多获得感和幸福感，日益增长的对美好生活的向往得到进一步满足。

4.1.7 效率发展水平

从图 4－1(f)的中国效率发展水平来看，2000—2017 年，中国效率发展水平整体呈现小幅下降后持续增长的态势，由 2000 年的 0.2653 升至 2017 年的 0.4095。其中，2011 年的增幅最为显著，得分增长了 0.0269，增长幅度为 9.6％。效率发展水平的逐年上升态势表明中国经济要素配置和利用效率较高，宏观供需关系相对平衡，经济运行总体上没有大幅变动，没有出现严重的产能过剩和短缺现象。2008 年金融危机之后的小幅下降，也表明了高质量的经济发展需要从浅表效率转变到深度效率，进一步推动效率变革，才能有抵御危机的能力，促进经济社会持续健康发展。

从效率发展的分省差异看，2000 年中国效率发展水平最高的地区是北京(0.3586)，最低的地区是宁夏(0.1477)，前者是后者的 2.43 倍。这说明在 2000 年，中国的效率发展水平总体处于较低水平，且地区间存在一定差异。2017 年效率发展水平最高的地区是北京(0.8864)，最低的地区是青海(0.2508)，前者是后者的 3.53 倍。这说明相比于 2000 年，2017 年中国的效率发展水平总体有了一定提升，取得了一定成效，但地区间的差异有所扩大。

效率变革是推动高质量发展的必然要求，意味着资源产出效率提高和能源利用效率提升。本章测度的效率发展水平包括市场效率、资源利用效率和生产效率三个方面，这些方面在整个高质量发展指标体系中的权重分别为 0.41％、3.22％和 8.87％，表明了生产效率目前是推动中国效率发展的最大动力。2017 年上海、北京和天津位列生产效率水平前三。2017 年上海、北京和广东位列市场效率水平前三。市场效率的权重较小，表明了市场效率对当前中国效率发展的推动作用较小，中国还需进一步推动市场化改革发展。

4.1.8 稳定发展水平

从图 4-1(g)的中国稳定发展水平来看,2000—2017 年,中国稳定发展水平整体呈现大幅波动增长的态势,由 2000 年的 0.2528 升至 2017 年的 0.3491。其中,2010 年的增幅最为显著,得分增长了 0.0561,增长幅度为 20.88%,2016 年达到峰值 0.3591。在全球经济增长放缓、外部不稳定不确定因素增多、中国经济下行压力加大的背景下,实现中国经济的平稳发展显得尤为重要。不难看出,中国社会与经济各项指标保持在合理区间,总体保持了稳中有进的发展态势。

从稳定发展的分省差异看,2000 年中国稳定发展水平最高的地区是北京(0.4698),最低的地区是重庆(0.1669),前者是后者的 2.81 倍。这说明在 2000 年,中国的稳定发展水平总体处于较低水平,且地区间存在一定差异。2017 年稳定发展水平最高的地区是北京(0.8328),最低的地区是广西(0.2370),前者是后者的 3.51 倍。这说明相比于 2000 年,中国在 2017 年的稳定发展水平总体有了一定提升,但地区间的差异有所扩大。

稳定是高质量发展的必要前提。本章测度的稳定发展水平包括社会稳定和经济稳定两个方面,这两个方面在整个高质量发展指标体系中的权重分别为 7.33%和 5.17%,社会稳定是经济稳定的条件,而经济稳定是社会稳定的基础,二者相互依存、互相促进,适应并促进了中国经济和社会的发展。

4.1.9 安全发展水平

从图 4-1(h)的中国安全发展水平来看,2000—2017 年,中国安全发展水平整体呈现大幅增长后急剧下降的波动增长态势,由 2000 年的 0.2552升至 2017 年的 0.2649。其中 2007 年的增幅最为显著,得分增长了0.0147,增长幅度为 5.2%,2007 年达到峰值 0.2967。从成立中央国家安全委员会,到“总体国家安全观”理念的提出,再到全民国家安全教育日的设立,这一系列行动就是国家治理能力现代化建设在安全领域的重要体现。然而,近年来中国对外开放程度逐渐加大,对外依存度逐渐攀升,使得非传统安全因素导致的国家安全风险成为中国发展面临的重要问题。

从安全发展的分省差异看,2000 年中国安全发展水平最高的地区是福建(0.5172),最低的地区是青海(0.1470),前者是后者的 3.52 倍。这说明在 2000 年,中国的安全发展水平总体处于较低水平,但地区间仍存在一定差异。2017 年安全发展水平最高的地区是黑龙江(0.4006),最低的地区是青海(0.1556),前者是后者的 2.58 倍。这说明相比于 2000 年,2017 年中国的安全发展水平总体变化不大。

安全是发展的前提和保障,本章测度的安全发展水平包括金融财政安全、产业安全和战略资源安全三个方面,这些方面在整个高质量发展指标体系中的权重分别为 2.78%、6.19%和 3.52%。战略资源安全是产业发展的物质基础,也是经济发展不可缺少的重要物质资源。产业安全是国家经济发展的关键所在。战略资源安全和产业安全共同保障国民经济和社会的高质量发展。

4.2 四大区域高质量发展水平演变趋势

中国作为一个幅员辽阔的大国,不同地域之间在自然条件、文化背景、资源禀赋等方面都存在巨大的差异,针对这种情况,中国实施了不同的区域政策。因此,在对全国高质量发展水平进行剖析的基础上,本节通过计算东、中、西、东北四大区域的发展均值水平,以进一步了解这四大区域的发展情况。

4.2.1 总体高质量发展水平

全国高质量发展水平的演变趋势反映的是中国高质量发展整体水平的演变状况,其涵盖了四大区域的信息,各区域高质量发展的状况可能不尽相同,需要进一步探究。

图 4-2 展示了 2000—2017 年中国四大区域高质量发展水平的演变趋势。可以看出,中国四大区域高质量发展水平总体差距逐渐变大,四大

区域高质量发展水平都呈现稳定增长的态势。具体来看，东部地区的高质量发展水平始终高于其他地区，位列第一且高于全国平均水平，其高质量发展水平由 2000 年的 0.2520 升至 2017 年的峰值 0.4873。其中，2010 年的增幅最为显著，得分增长了 0.0292，增长幅度为 8.59%。东北地区的高质量发展水平一直仅低于东部地区，位居第二，在 2008 年之前高于全国平均水平，在 2008 年之后低于全国平均水平，其高质量发展水平由 2000 年的 0.2179 升至 2017 年的峰值 0.3338。其中，2010 年的增幅最为显著，得分增长了 0.0165，增长幅度为 6.52%。中部地区的高质量发展水平位列第三，仅高于西部地区且始终低于全国平均水平，其高质量发展水平由 2000 年的 0.1744 升至 2017 年的峰值 0.3151。其中，2010 年的增幅最为显著，得分增长了 0.0164，增长幅度为 7.83%。西部地区的高质量发展水平位列第四，且始终低于全国平均水平，其高质量发展水平由 2000 年的 0.1617 升至 2017 年的峰值 0.2924。其中，2010 年的增幅最为显著，得分增长了 0.0170，增长幅度为 8.51%。

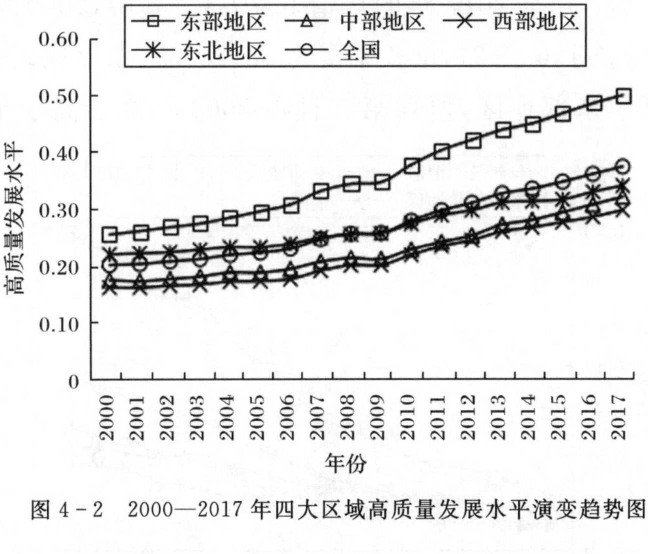

图 4-2　2000—2017 年四大区域高质量发展水平演变趋势图

从全国高质量发展的区域差异看，2000 年中国高质量发展水平最高的区域是东部地区(0.2520)，最低的区域是西部地区(0.1617)，前者是后者的 1.56 倍。这说明在 2000 年，中国的高质量发展水平总体处于较低水平，区域间存在一定差异。2017 年高质量发展水平最高的区域是东部地区(0.4873)，最低的区域是西部地区(0.2924)，前者是后者的 1.67 倍。这说明相比于 2000 年，2017 年中国的高质量发展水平总体有了一定提升，中国高质量发展取得一定成效，但区域间的差异有所扩大。

根据 2000—2017 年四大区域高质量发展水平演变趋势可以发现，就整体高质量发展水平而言，四大区域表现出较大差异，东部地区的高质量发展水平远远领先于中部、西部与东北地区，中部、东北和西部地区的高质量发展水平基本持平，发展差距主要体现在与东部地区的比较上。

4.2.2 创新发展水平

图 4-3 展示了 2000—2017 年中国四大区域创新发展水平的演变趋势。可以看出，中国四大区域创新发展水平总体差距逐渐变大，且四大区域创新发展水平都呈现大幅增长的态势。具体来看，东部地区的创新发展水平始终高于其他地区，位列第一且高于全国平均水平，其测度值由 2000 年的 0.1217 升至 2017 年的峰值 0.7024。其中，2009 年的增幅最为显著，得分增长了 0.0521，增长幅度为 18.25%。东北地区的创新发展水平一直仅低于东部地区，位列第二且在 2003 年之前高于全国平均水

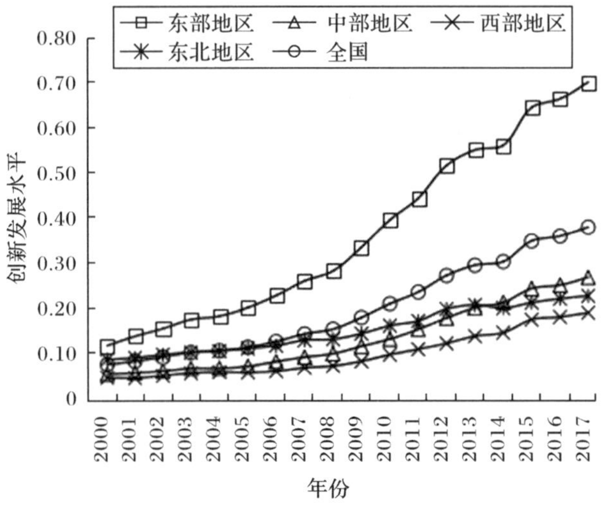

图 4-3 2000—2017 年四大区域创新发展水平演变趋势图

平，在 2003 年之后低于全国平均水平，其测度值由 2000 年的 0.0910 升至 2017 年的峰值 0.2304。其中，2012 年的增幅最为显著，得分增长了 0.0262，增长幅度为 14.98%。中部地区的创新发展水平位列第三，始终低于全国平均水平且在 2013 年之前低于东北地区，在 2013 年之后高于东北地区，其测度值由 2000 年的 0.0584 升至 2017 年的峰值 0.2712。其中，2012 年的增幅最为显著，得分增长了 0.0248，增长幅度为15.83%。西部地区的创新发展水平位于第四，且始终低于全国平均水平，其测度值由 2000 年的 0.0500 升至 2017 年的峰值 0.1933。其中，2015 年的增幅最为显著，得分增长了 0.0286，增长幅度为 19.13%。

从创新发展的区域差异看，2000 年中国创新发展水平最高的区域是东部地区(0.1217)，最低的区域是西部地区(0.0500)，前者是后者的2.43倍。这说明在 2000 年，中国的高质量发展水平总体处于低水平，区域间存在一定差异。2017 年创新发展水平最高的区域仍是东部地区(0.7024)，最低的区域是西部地区(0.1933)，前者是后者的 3.63 倍。这说明相比于 2000 年，2017 年中国的创新发展水平总体有了较大提升，中国的创新发展取得了一定的成效，但区域间的差异有所扩大。

根据四大区域创新发展水平演变趋势可以发现，四大区域的创新发展水平分布与其高质量发展水平分布情况基本相似，都呈现东部地区的发展水平明显高于中部、西部和东北地区，且中部、西部和东北地区的发展差距不大。这主要是由于东部地区的创新企业较多、创新投入多、创新环境优、创新产出高，东部地区较高的创新发展水平是推动其高质量发展的主要原因之一。

4.2.3　协调发展水平

图 4-4 展示了 2000—2017 年中国四大区域协调发展水平的演变趋势。可以看出，中国四大区域协调发展水平总体差距逐渐缩小，四大区域协调发展水平都呈现稳定增长的态势。具体来看，东部地区的协调发展水平始终高于其他地区，位列第一且高于全国平均水平，其测度值由 2000 年的 0.5605 升至 2017 年的峰值 0.7458。其中，2013 年的增幅最

为显著，得分增长了 0.0216，增长幅度为 3.19%。东北地区的协调发展水平一直仅低于东部地区，位列第二且始终高于全国平均水平，其测度值由 2000 年的 0.4874 升至 2017 年的峰值 0.6327。其中，2016 年的增幅最为显著，得分增长了 0.0246，增长幅度为 4.16%。中部地区的协调发展水平位列第三，且始终低于全国平均水平，其测度值由 2000 年的 0.3491升至 2017 年的峰值 0.5801。其中，2013 年的增幅最为显著，得分增长了 0.0314，增长幅度为 6.64%。西部地区的协调发展水平位列第四，且始终低于全国平均水平，其测度值由 2000 年的 0.2909 升至 2017 年的峰值 0.5181。其中，2013 年的增幅最为显著，得分增长了 0.0341，增长幅度为 8.45%。

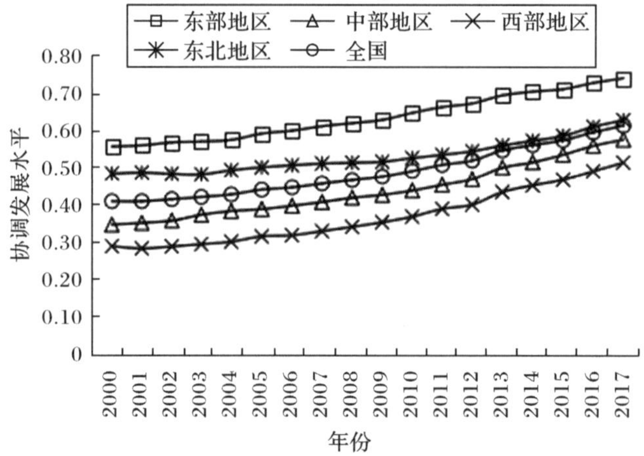

图 4-4 2000—2017 年四大区域协调发展水平演变趋势图

从协调发展的区域差异看，2000 年中国协调发展水平最高的区域是东部地区(0.5605)，最低的区域是西部地区(0.2909)，前者是后者的1.93倍。这说明在 2000 年，中国的协调发展水平总体处于较低水平，区域间存在一定差异。2017 年协调发展水平最高的区域依然是东部地区(0.7458)，最低的区域是西部地区(0.5181)，前者是后者的 1.44 倍。这说明相比于 2000 年，2017 年中国的协调发展水平总体有了较大提升，中国的协调发展取得了一定的成效，区域间的差异也有所缩小。

由 2000—2017 年四大区域协调发展水平演变趋势可以看出，中国的协调发展水平有了较大提升，区域间的协调发展水平也有所缩小。整体而言，这主要得益于西部大开发、中部崛起、东北振兴等重大区域发展战略的推动，使得东、中、西、东北四大区域在城乡发展、产业发展等方面的差距呈现逐步缩小的态势。

4.2.4　绿色发展水平

图 4－5 展示了 2000—2017 年中国四大区域绿色发展水平的演变趋势。可以看出，中国四大区域绿色发展水平总体差距小幅扩大，四大区域绿色发展水平都呈现小幅波动增长的态势。具体来看，东部地区的绿色发展水平在 2006 年之前低于东北地区，在 2006 年之后位列第一且始终高于全国平均水平，其测度值由 2000 年的 0.2355 升至 2017 年的 0.3470。其中，2005 年的增幅最为显著，得分增长了 0.0249，增长幅度为 10.26%，在 2016 年达到峰值 0.3586。东北地区的绿色发展水平在 2006 年之前位列第一且高于全国平均水平，在 2006 年以后围绕全国平均水平上下波动增长，其测度值由 2000 年的 0.2437 升至 2017 年的 0.2863。其中，2013 年的增幅最为显著，得分增长了 0.0426，增长幅度为15.53%，在 2013 年达到峰值 0.3167。中部地区的绿色发展水平始终低于全国平均水平，其测度值由 2000 年的 0.2155 升至 2017 年的 0.2977。其中，

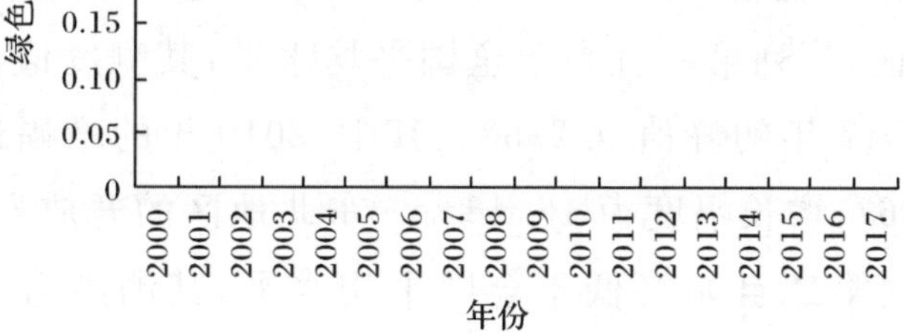

图 4－5　2000—2017 年四大区域绿色发展水平演变趋势图

2013 年的增幅最为显著，得分增长了 0.0219，增长幅度为 8.28%，在 2016 年达到峰值 0.3077。西部地区的绿色发展水平始终低于全国平均水平且与中部地区交互波动，其测度值由 2000 年的 0.2243 升至 2017 年的0.2801。其中，2009 年的增幅最为显著，得分增长了 0.0188，增长幅度为 7.57%，在 2014 年达到峰值 0.2941。

从绿色发展的区域差异看，2000 年中国绿色发展水平最高的区域是东北地区（0.2437），最低的区域是中部地区（0.2155），前者是后者的1.13 倍。这说明在 2000 年，中国的绿色发展水平总体处于较低水平，区域间存在很小差异。2017 年绿色发展水平最高的区域是东部地区（0.3470），最低的区域是西部地区（0.2801），前者是后者的 1.24 倍。这说明相比于 2000 年，2017 年中国的绿色发展水平总体有了较大提升，中国的绿色发展取得了一定的成效，区域间的差异也变化不大。

由 2000—2017 年四大区域绿色发展水平演变趋势可以发现，中国的绿色发展水平有了较大提升，且各区域的绿色发展水平都基本持平。绿色发展水平的提升主要得益于中国已将生态环境保护规划作为国家规划体系的重要组成部分。根据党中央、国务院对各重大区域环境保护发展战略的部署，生态环境部门已开展了一系列工作，大力推进污染防治和生态保护，取得了显著成效。

4.2.5 开放发展水平

图 4-6 展示了 2000—2017 年中国四大区域开放发展水平的演变趋势。可以看出，中国四大区域开放发展水平总体差距有所扩大，四大区域开放发展水平都呈现增长态势。具体来看，东部地区的开放发展水平始终高于其他地区，位列第一且高于全国平均水平，其测度值由 2000 年的 0.1227 升至 2017 年的峰值 0.2953。其中，2010 年的增幅最为显著，得分增长了 0.0367，增长幅度为 16.46%。东北地区的开放发展水平低于东部地区，位列第二且始终低于全国平均水平，其测度值由 2000 年的 0.0557升至 2017 年的 0.1303。其中，2007 年的增幅最为显著，得分增长了 0.0119，增长幅度为 14.82%。中部地区的开放发展水平在 2003 年之

前位列第四，在2003年之后位列第三且始终低于全国平均水平，其测度值由2000年的0.0302升至2017年的峰值0.1334。其中，2007年的增幅最为显著，得分增长了0.0104，增长幅度为19.52%。西部地区的开放发展水平在2003年之前位列第三，在2003年之后位列第四且始终低于全国平均水平，其测度值由2000年的0.0364升至2017年的峰值0.1083。其中，2004年的增幅最为显著，得分增长了0.0052，增长幅度为13.31%。

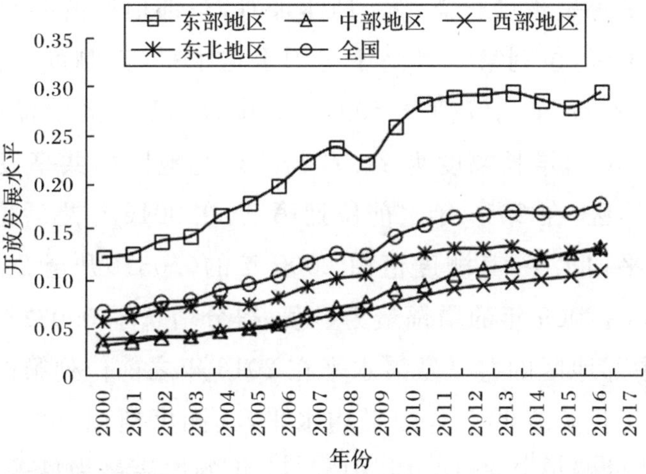

图4-6 2000—2017年四大区域开放发展水平演变趋势图

从开放发展的区域差异看，2000年中国开放发展水平最高的区域是东部地区(0.1227)，最低的区域是中部地区(0.0302)，前者是后者的4.06倍。这说明在2000年，中国的开放发展水平总体处于低水平，区域间存在较大差异。2017年开放发展水平最高的区域是东部地区(0.2953)，最低的区域是西部地区(0.1083)，前者是后者的2.73倍。这说明相比于2000年，2017年中国的开放发展水平总体有了一定提升，中国的对外开放发展取得了一定的成效，区域间的差异也有所缩小。

由2000—2017年四大区域开放发展水平演变趋势可以发现，四大区域的开放发展水平分布与其高质量发展水平分布情况基本相似，都呈现东部地区发展水平明显高于中部、西部和东北地区，且中部、西部和东北地区之间的发展差距不大。这主要是由于东部地区拥有面向海洋的地理优势，使得其对外贸易较内陆地区更为便利，与外界交流更加频繁，更利于吸引大量的资本和人力，东部地区较高的开放发展水平是推动东部地区高质量发展的主要原因之一。

4.2.6 共享发展水平

图 4-7 展示了 2000—2017 年中国四大区域共享发展水平的演变趋势。可以看出，中国四大区域共享发展水平总体差距有所扩大，四大区域共享发展水平都呈现增长态势。具体来看，东部地区的共享发展水平始终高于其他地区，位列第一且高于全国平均水平，其测度值由 2000 年的 0.0584 升至 2017 年的峰值 0.5094。其中，2011 年的增幅最为显著，得分增长了 0.0512，增长幅度为 21.77%。东北地区的共享发展水平低于东部和西部地区，在 2016 年之前位列第三，在 2016 年之后位列第四且始终低于全国平均水平，其测度值由 2000 年的0.0316升至 2017 年的峰值 0.3192。其中，2009 年的增幅最为显著，得分增长了 0.0328，增长幅度为 28.88%。中部地区的共享发展水平在 2016 年之前位列第四，在 2016 年之后位列第三且始终低于全国平均水平，其测度值由 2000 年的 0.0286 升至 2017 年的峰值 0.3518。其中，2011 年的增幅最为显著，得分增长了 0.0385，增长幅度为 30.39%。西部地区的共享发展水平位列第二且始

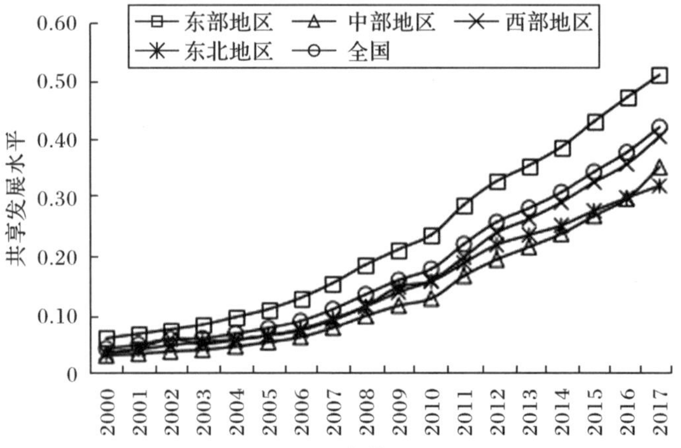

图 4-7 2000—2017 年四大区域共享发展水平演变趋势图

终低于全国平均水平，其测度值由 2000 年的 0.0335 升至 2017 年的峰值 0.4039。其中，2002 年的增幅最为显著，得分增长了 0.0155，增长幅度为 37.49%。

从共享发展的区域差异看，2000 年中国共享发展水平最高的区域是东部地区(0.0584)，最低的区域是中部地区(0.0286)，前者是后者的2.04 倍。这说明在 2000 年，中国的共享发展水平总体处于低水平，区域间存在一定差异。2017 年共享发展水平最高的区域是东部地区(0.5094)，最低的区域是东北地区(0.3192)，前者是后者的 1.60 倍。这说明相比于 2000 年，2017 年中国的共享发展水平总体有了较大提升，中国的共享发展取得了一定的成效，区域间的差异有所缩小。

由 2000—2017 年四大区域共享发展水平演变趋势可以发现，四大区域的共享发展水平有了很大提升，在 2017 年出现了“中部洼地”现象，即打破了传统认知中的东、中、西部梯次发展的“不平衡”格局，西部地区在国家政策、资金扶持与自身努力的推动下，成功追赶或超越了中部，表现出东部明显高端、西部奋起直追，而中部悄然落后的局面。这主要是由于“中部洼地”现象在公共文化服务领域有一定的普遍性，它已经成为制约中国共享发展的瓶颈之一。

4.2.7　效率发展水平

图 4 - 8 展示了 2000—2017 年中国四大区域效率发展水平的演变趋势。可以看出，中国四大区域效率发展水平总体差距有所扩大，四大区域效率发展水平基本都呈现小幅下降后增长的态势。具体来看，东部地区的效率发展水平始终高于其他地区，位列第一且高于全国平均水平，其测度值由 2000 年的 0.2987 升至 2017 年的峰值 0.5570。其中，2011 年的增幅最为显著，得分增长了 0.0337，增长幅度为 8.66%。东北地区的效率发展水平低于东部地区，位列第二且在 2005 年之前及 2016 年之后高于全国平均水平，2005—2016 年期间低于全国平均水平，其测度值由 2000 年的 0.2885 升至 2017 年的峰值 0.4266。其中，2011 年的增幅最为显著，得分增长了 0.0373，增长幅度为 14.53%。中部地区的效率发展

水平位列第三且始终低于全国平均水平，其测度值由 2000 年的0.2752升至 2017 年的峰值 0.3462。其中，2011 年的增幅最为显著，得分增长了 0.0226，增长幅度为 9.98%。西部地区的效率发展水平位列第四且始终低于全国平均水平，其测度值由 2000 年的 0.2232 升至 2017 年的峰值 0.3054。其中，2011 年的增幅最为显著，得分增长了 0.0203，增长幅度为 9.31%。

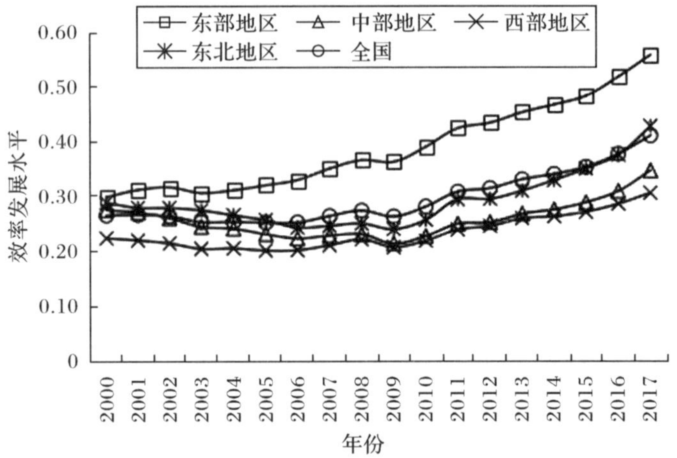

图 4-8 2000—2017 年四大区域效率发展水平演变趋势图

从效率发展的区域差异看，2000 年中国效率发展水平最高的区域是东部地区(0.2987)，最低的区域是西部地区(0.2232)，前者是后者的1.34 倍。这说明在 2000 年，中国的效率发展水平总体处于较低水平，区域间差异不大。2017 年效率发展水平最高的区域是东部地区(0.5570)，最低的区域是西部地区(0.3054)，前者是后者的 1.82 倍。这说明相比于 2000 年，2017 年中国的效率发展水平总体有了较大提升，中国的效率发展取得了一定的成效，但区域间的差异有所扩大。

由 2000—2017 年四大区域效率发展水平演变趋势可以发现，四大区域的效率发展水平分布与高质量发展水平分布情况相似，呈现东部和东北地区的发展水平明显高于中部和西部地区，且中部和西部地区的发展差距不大。这主要是由于东部地区是中国改革开放的前沿地区，拥有独特的地理优势和政策优势，使其经济发展水平处于全国领先地位，其技术、资本等要素的大量聚集促进了东部地区率先进行经济的转型升级。而东北地区的经济发展水平也曾处于全国前列，近年来也在积极推动产业结构升级和供给侧结构性改革等，使得东北地区的效率发展水平明显高于中部和西部地区。东部地区较高的效率发展水平是推动该地区高质量发展的主要原因之一。

4.2.8　稳定发展水平

图 4－9 展示了 2000—2017 年中国四大区域稳定发展水平的演变趋势。可以看出，中国四大区域稳定发展水平总体差距有所扩大，四大区域稳定发展水平基本都呈现波动增长的态势。具体来看，东部地区的稳定发展水平基本高于其他地区，位列第一且高于全国平均水平，其测度值由 2000 年的 0.2880 升至 2017 年的 0.4442。其中，2010 年的增幅最为显著，得分增长了 0.0626，增长幅度为 19.43%，在 2016 年达到峰值 0.4629。东北地区的稳定发展水平低于东部地区且围绕全国平均水平波动，在 2010 年之前高于全国平均水平，在 2010 年之后低于全国平均水平，其测度值由 2000 年的 0.2870 升至 2017 年的 0.3017。其中，2010 年的增幅最为显著，得分增长了 0.0420，增长幅度为 14.85%，在 2011 年达到峰值 0.3461。中部地区的稳定发展水平基本位列第四且始终低于全

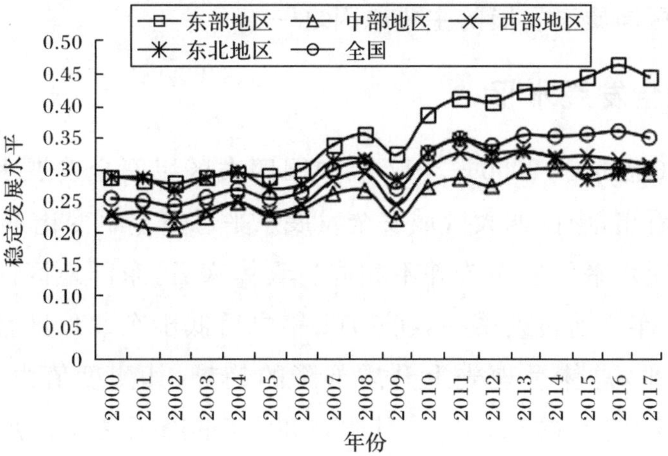

图 4－9　2000—2017 年四大区域稳定发展水平演变趋势图

国平均水平，其测度值由 2000 年的 0.2250 升至 2017 年的峰值 0.2921。其中，2010 年的增幅最为显著，得分增长了 0.0502，增长幅度为22.77%，在 2015 年达到峰值 0.3021。西部地区的稳定发展水平基本位列第三且低于全国平均水平，其测度值由 2000 年的 0.2268 升至 2017 年的 0.3067。其中，2010 年的增幅最为显著，得分增长了 0.0573，增长幅度为 23.59%，在 2011 年达到峰值 0.3242。

从稳定发展的区域差异看，2000 年中国稳定发展水平最高的区域是东部地区(0.2880)，最低的区域是中部地区(0.2250)，前者是后者的1.28 倍。这说明在 2000 年，中国的稳定发展水平总体处于较低水平，区域间差异不大。2017 年稳定发展水平最高的区域是东部地区(0.4442)，最低的区域是中部地区(0.2921)，前者是后者的 1.52 倍。这说明相比于 2000 年，2017 年中国的稳定发展水平总体有了一定提升，中国的稳定发展取得了一定的成效，但区域间的差异有所扩大。

由 2000—2017 年四大区域稳定发展水平演变趋势可以发现，2017 年四大区域的稳定发展水平分布与高质量发展水平分布情况相似，都呈现东部地区发展水平明显高于中部、西部和东北地区，且中部、西部和东北地区发展差距不大。这主要是由于东部地区的经济发展水平较高、宏观经济更趋稳定、社会保障更加健全。东部地区较高的稳定发展水平是推动东部地区高质量发展的主要原因之一。

4.2.9 安全发展水平

图 4-10 展示了 2000—2017 年中国四大区域安全发展水平的演变趋势。可以看出，中国四大区域安全发展水平总体差距变化不大，但四大区域安全发展水平发展态势并不相同。具体来看，东部地区的安全发展水平在 2011 年之前位列第一，在 2011 年之后低于东北地区且始终高于全国平均水平，总体呈现先上升后下降的趋势，其测度值由 2000 年的 0.3304降至 2017 年的 0.2971。其中，2008 年的降幅最为显著，得分降低了 0.0215，降低幅度为 5.63%。东北地区的安全发展水平在 2011 年之前低于东部地区，在 2011 年之后高于东部地区且始终高于全国平均水

平，总体呈现增长趋势，其测度值由 2000 年的 0.2583 升至 2017 年的 0.3434。其中，2006 年的增幅最为显著，得分增长了 0.0239，增长幅度为 8.32%。中部地区的安全发展水平位列第三且始终低于全国平均水平，其测度值由 2000 年的 0.2134 升至 2017 年的 0.2481，总体呈现增长趋势。其中，2004 年的增幅最为显著，得分增长了 0.0122，增长幅度为 5.38%。西部地区的安全发展水平位列第四且始终低于全国平均水平，总体呈现增长趋势，其测度值由 2000 年的 0.2087 升至 2017 年的 0.2235。其中，2007 年的增幅最为显著，得分增长了 0.0131，增长幅度为 5.91%。

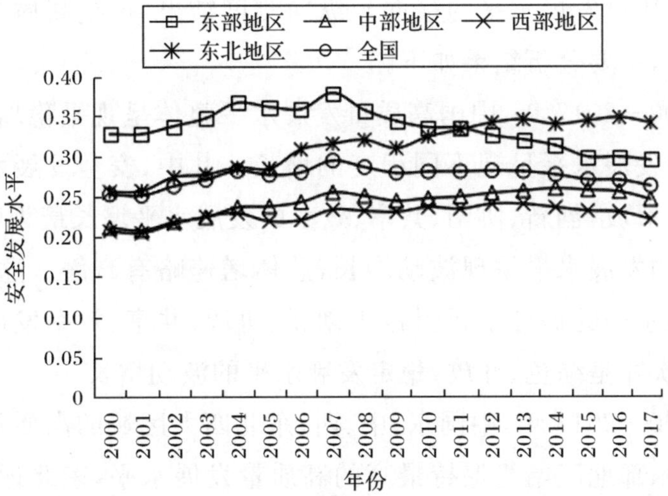

图 4-10　2000—2017 年四大区域安全发展水平演变趋势图

从安全发展的区域差异看，2000 年中国安全发展水平最高的区域是东部地区(0.3304)，最低的区域是西部地区(0.2087)，前者是后者的1.58倍。这说明在 2000 年，中国的安全发展水平总体处于较高水平，区域间存在一定差异。2017 年安全发展水平最高的区域是东北地区(0.3434)，最低的区域是西部地区(0.2235)，前者是后者的 1.54 倍。这说明相比于 2000 年，2017 年中国的安全发展水平总体有了小幅提升，区域间差异基本保持不变。

由 2000—2017 年四大区域安全发展水平演变趋势可以发现，四大区域的安全发展水平基本变化不大，东北地区的安全发展水平有了较大提升。这主要是因为东北地区不仅是维护国防安全和军工生产的重要基地，是维护国家粮食安全的商品粮生产基地、生产绿色食品和加工农产品基地，也在维护能源安全、先进装备制造业和重大技术装备方面发挥了关键作用。中国积极推动东北实现全面振兴，促进了东北地区的粮食安全、国防安全、能源安全、产业安全和生态安全，大大提高了东北地区的安全发展水平。

4.3 中国高质量发展水平测度结果总结

根据高质量发展水平的横向与纵向测度结果，挖掘高质量发展水平的演变规律，主要分析结果如下：

(1)2000—2017 年，中国高质量发展水平整体呈现平稳增长的态势，八个方面的发展水平呈现不同程度的增长。其中，安全发展水平近年来出现明显的滑坡，创新、协调、共享、效率的发展水平增长最为明显，绿色、开放、稳定的发展水平呈现波动增长，总体增速略有减缓。这说明，中国高质量发展水平的提升主要得益于创新、协调、共享、效率发展水平的大幅提升，其次才是绿色、开放、稳定发展水平的波动增长。

(2)2000—2017 年，中国东、中、西、东北四大区域的高质量发展差距不断扩大，东部地区始终保持最高的高质量发展水平，东北地区次之，中部地区和西部地区的高质量发展水平相对较低。

(3)2000—2017 年，中国东、中、西、东北四大区域的创新、协调、绿色、开放、共享和稳定发展水平整体呈持续增长的趋势。效率和安全发展水平存在差异。东、中、西、东北四大区域之间的发展差距改善并不明显，中国区域之间的发展差距依然集中体现在四大区域之间。其中，创新和效率发展水平的区域间差距大幅扩大，绿色和稳定发展水平的区域间差距小幅扩大，协调、开放、共享和安全发展水平的区域间差距有所缩小。

(4)2000 年，中国 31 个地区的整体高质量发展水平差距不大。2017 年，中国 31 个地区整体高质量发展水平明显提升，但地区间差距也明显增大。甘肃和贵州始终都是高质量发展水平最低的地区，而北京、上海和广东始终为高质量发展水平最高的地区。从 2000 年到 2017 年，八个方面的发展水平呈现不同程度增长，31 个地区在创新发展方面差距大幅扩大，在绿色、效率、稳定发展方面差距小幅扩大，在协调、开放、共享和安全发展方面差距有所缩小。

(5)就整体高质量发展水平而言，四大区域表现出较大差距。东部地区的高质量发展水平遥遥领先于中部、西部与东北地区，中部、东北和西部地区的高质量发展水平基本相同，发展差距主要体现在与东部地区的比较上。东部地区如上海、广东、天津、山东，由于其面向海洋的地理优势，对外贸易较内陆地区更容易，吸引了大量的资本和人力，推动了技术的迅速发展，因而能较快地从高速发展转向高质量发展。西部地区如新疆等深处中国内陆，交通不便、土地贫瘠、物资匮乏、人口流失严重，与之接壤的国家经济发展较差，贸易往来较少，因而发展较为困难，经济发展转型更是阻碍重重。中部地区如河南、湖南、湖北等由于接壤东部地区，受到东部地区的带动作用，经济发展较快。东北地区曾是中国重工业的核心地区，早年发展迅速，但改革开放后，工业的投资成本高、回报周期长等缺陷，使得资本向其流入较少，经济长期低迷。此外，气候条件过于寒冷、人口流失问题严重、环境污染严重等问题都阻碍了经济的发展，故高质量发展水平不高。

(6)2017 年出现了“中部洼地”现象，即打破了传统认识上东、中、西部梯次发展的“不平衡”格局，西部地区在国家政策、资金扶持与自身努力下，成功追赶或超越了中部，表现出东部明显高端、西部奋起直追，而中部悄然落后的局面。这主要是由于“中部洼地”现象在公共文化服务领域有一定的普遍性，它已经成为制约中国共享发展的瓶颈问题之一。

4.4　本章小结

本章为中国高质量发展水平的测度与分析。本章以第 3 章构建的高质量发展评价指标体系为基础，完成对中国整体水平以及东部、东北、中部、西部四大区域高质量发展水平的横向和纵向测度与分析。主要研究结果如下：

(1)2000—2017 年,中国整体高质量发展水平呈现平稳增长的态势,八个方面的发展水平呈现不同程度的增长,中国高质量发展水平的提升主要得益于创新、协调、共享和效率发展水平的大幅度提升,其次是绿色、开放、稳定发展水平的波动增长。中国东部、中部、西部、东北四大区域之间的高质量发展差距不断扩大,四大区域之间的高质量发展水平呈现逐渐扩大的趋势,始终呈现东部地区高质量发展水平最高,东北地区次之,中部地区和西部地区居于末尾的局面。中国东部、中部、西部、东北四大区域的创新、协调、绿色、开放、共享和稳定发展水平发展趋势相似,都呈持续增长的趋势,效率和安全发展水平发展趋势存在差异,中国东部、中部、西部、东北四大区域之间的发展差距改善并不明显。

(2)2000 年,中国 31 个地区的整体高质量发展水平差距不大。2017 年,这些地区的整体高质量发展水平明显提升,但地区间差距也明显增大。甘肃和贵州始终都是高质量发展水平最低的地区,而北京、上海和广东始终为高质量发展水平最高的地区。从 2000 年到 2017 年,八个方面的发展水平呈现不同程度的增长,31 个地区在创新发展方面差距大幅扩大,在绿色、效率、稳定发展方面的差距小幅扩大,在协调、开放、共享和安全发展方面的差距有所缩小。就整体高质量发展水平而言,四大区域表现出较大差距,东部地区的高质量发展水平远远领先于中部、西部与东北地区,中部、东北和西部地区的高质量发展水平基本持平,发展差距主要体现在与东部地区的比较上。2017 年中国共享发展出现了“中部洼地”现象,特别是在公共文化服务领域,这已经成为制约中国共享发展的瓶颈之一。

第5章

中国高质量发展驱动机制的实证分析

基于前文高质量发展的理论和指标测度分析，我们已经对中国各地区的发展现状和高质量发展水平有了较为清晰的了解，对于驱动中国高质量发展的主要因素及其影响程度还需要进一步进行实证检验。本章将构建中国高质量发展水平的驱动因素面板数据模型，涵盖2000—2017年的时段。我们首先对面板数据进行检验，其次选用适当的面板回归模型对中国高质量发展的驱动因素进行实证回归分析，最后通过更换解释变量的方法重新回归，从而检验模型的稳健性。

5.1　变量选取与解释

5.1.1　被解释变量

为探究中国高质量发展的主要驱动因素，本章将中国各地区的高质量发展指数 Q 作为被解释变量来建立计量回归模型，高质量发展指数源于本书第4章经熵值法计算所得到的中国各地区2000—2017年高质量发展综合得分。

5.1.2　解释变量

借鉴随洪光等(2017)、梁经伟等(2018)、黄顺魁(2017)等对经济发展质量驱动因素的实证研究，并结合前文对驱动机制的理论研究，选取如下驱动因素进行实证研究，以了解它们对中国高质量发展的驱动作用。各变量的详细解释如下。

1. 市场机制

我们采用技术成果市场化和市场活力指数来衡量市场机制对高质量发展的驱动作用。市场越完善，技术成果市场化的效率就越高。它能在一定程度上代表市场机制的作用强弱。我们使用技术市场成交额与本地科技人员数的比例来代表技术成果的市场化程度。非国有企业通常具有更高的灵活性，应变能力强，能更好地适应竞争激烈的市场经济，能够及时调整以适应不同的市场情况，从而极大地创造市场活力，我们使用非国有企业投资占比来衡量市场活力。

2. 政府作用

衡量政府对高质量发展的推动作用可从三个方面考虑。首先，财政支出是地方政府履行治理职能、影响经济社会的主要手段，政府财政支出的规模和结构是其政策取向的反映。我们采用当年财政一般支出占地区生产总值的比重来衡量地区经济发展中的政府支持强度，考察政府在提升经济发展质量过程中的宏观调控作用。其次，专利执法工作的开展，代表了市场监管领域的完善，表明了政府构建公平公正、开放透明的法治和市场环境的努力程度。我们采用专利执法立案数来代表政府为规范市场运行所发挥的作用。最后，政府可通过征收个人所得税和制定社会保障政策等方式调整居民收入分配，对社会财富分配进行再调整，缓解因收入分配严重不均而引起的社会矛盾，为社会经济的快速发展创造良好的社会氛围，从而促进高质量发展。我们可以通过地方财政税收收入占地区生产总值的比重来衡量政府在调节收入分配方面的作用。

3. 要素机制

要素机制对高质量发展的驱动作用通过三个方面的指标来衡量。创新是引领发展的第一动力，是实现高质量发展的重要手段，也是衡量新时代高质量发展的重要标准。我们使用专利申请受理量来代表一个地区的科技创新水平，以此显示要素升级的驱动作用。要素投入是指生产要素的“数量增加”，在经济发展中一直发挥着重要作用。我们采用全社会固定资产投资额来代表要素投入强度。自然资源是人类生存和发展的基础，丰富的自然资源与财富增长总是紧密联系在一起的，绿色发展水平排名靠前的十个国家均拥有较高的森林覆盖率，故我们采用森林覆盖率来代表环境禀赋对高质量发展的驱动作用。

各变量的具体解释如表 5-1 所示，数据来源为各地区官方发布的统计年鉴、国家统计局的数据以及各地区官方发布的年度国民经济和社会发展统计公报等。各变量的描述性统计情况如表 5-2 所示。

表 5-1　变量解释

变量类型		变量名称	符号	变量解释
被解释变量		高质量发展指数	Q	由本书第 4 章熵值法计算所得
解释变量	市场机制	市场活力指数	vit	各地区非国有企业投资/全社会固定资产投资
		技术成果市场化	ach	各地区技术市场成交额/各地区本地科技人员数
	政府作用	财政一般支出占比	exp	各地区财政一般支出/各地区的地区生产总值
		专利执法立案数	cas	各地区专利执法立案数
		地方财政税收收入占比	tax	各地方财政税收收入/各地区的地区生产总值
	要素机制	国内专利申请受理量	pat	各地区专利申请受理量
		全社会固定资产投资	inv	各地区全社会固定资产投资额
		森林覆盖率	for	各地区森林覆盖率

表 5-2　变量描述性统计

指标	变量								
	Q	vit	ach	exp	cas	tax	pat	inv	for
平均数	26.7369	6.4850	14.2753	19.7557	1.9168	7.0183	4.0961	8.5687	29.8685
最大值	71.1677	9.5310	166.2827	62.6863	118.3400	19.9651	62.7834	55.2027	66.0000
最小值	12.4431	−15.2262	0.0000	6.9126	0.0000	0.3595	0.0124	0.1511	2.9400
标准差	10.2095	1.7441	21.2181	9.1709	8.1503	2.8905	8.0033	9.7636	17.6777
样本数	540	540	540	540	540	540	540	540	540

5.2 模型设计及相关检验

5.2.1 回归模型设计

初步检验市场活力指数、技术成果市场化、财政一般支出占比、专利执法立案数、地方财政税收收入占比、国内专利申请受理量、全社会固定资产投资、森林覆盖率对中国高质量发展存在的影响,构建如下基本面板回归模型:

$$Q_{jt} = \alpha_0 + \beta_1 \mathrm{vit}_{jt} + \beta_2 \mathrm{ach}_{jt} + \beta_3 \mathrm{exp}_{jt} + \beta_4 \mathrm{cas}_{jt} + \beta_5 \mathrm{tax}_{jt} + \beta_6 \mathrm{pat}_{jt} + \beta_7 \mathrm{inv}_{jt} + \beta_8 \mathrm{for}_{jt} + \mu_j + \varepsilon_{jt}$$

式中,j 表示地区;t 表示年份;Q_{jt} 表示 j 地区 t 年的高质量发展指数;vit、ach、exp、cas、tax、pat、inv 和 for 分别表示市场活力指数、技术成果市场化、财政一般支出占比、专利执法立案数、地方财政税收收入占比、国内专利申请受理量、全社会固定资产投资和森林覆盖率;μ_j 为地区效应;ε_{jt} 为随机扰动项;α_0 表示截距项,$\beta_1,\beta_2,\cdots,\beta_8$ 为各解释变量的回归系数。

5.2.2 相关检验

在进行回归分析之前,先对各数据变量的相关性及方差膨胀因子(VIF)进行检验。各变量的相关性及方差膨胀因子如表 5-3、表 5-4 所示,最大的 VIF 为 3.27,远小于 10,因此我们可以认为不存在多重共线性。

表 5-3 各变量相关系数

变量	*Q*	vit	ach	tax	exp	cas	for	inv	pat
Q	1								
vit	0.4660	1							
ach	0.4951	0.0962	1						
tax	0.7530	0.2231	0.4948	1					
exp	−0.0749	−0.1143	0.2955	0.2763	1				
cas	0.3196	0.1719	−0.0216	0.0930	−0.0898	1			
for	0.1293	0.2253	−0.0960	−0.0109	−0.1959	0.1566	1		
inv	0.4841	0.5178	0.0552	0.1182	−0.0722	0.3688	0.1440	1	
pat	0.6863	0.3803	0.1420	0.3093	−0.1620	0.5464	0.1175	0.7281	1

表 5-4 方差膨胀因子

变量	VIF	1/VIF
pat	3.27	0.3060
inv	2.75	0.3640
tax	1.66	0.6037
vit	1.51	0.6617
cas	1.48	0.6748
ach	1.39	0.7169
exp	1.31	0.7624
for	1.11	0.9009
均值	1.81	

5.3 实证回归分析

根据计量经济学基础理论，Stata 软件中提供了三种短面板回归模型，分别是混合效应回归(OLS)、随机效应回归(RE)与固定效应回归(FE)。为了能够准确探究高质量发展的驱动因素，选择适当的分析模型非常重要。因此，首先需要对面板数据进行 F 检验[redundant fixed effects tests(冗余固定效应检验)]，以确定是使用混合回归模型还是固定效应模型；其次进行豪斯曼检验(Hausman test)，判断随机效应和固定效应哪个更合适；最后进行综合考量以确定最终的回归模型。

如表 5-5 所示，模型的 F 检验和豪斯曼检验结果都表明在 1%的显著性水平下拒绝原假设，由此得出，本章使用的面板数据模型应该使用固定效应模型。因此，本章拟采用固定效应模型进行回归分析。

表 5-5 F 检验和豪斯曼检验结果

项目	F 值(T 值)	P 值	结论
F 检验	50.52	0.00***	支持固定效应模型
豪斯曼检验	88.06	0.00***	支持固定效应模型

注：***、**、* 分别表示在 1%、5%、10%的显著性水平上显著。

在确定使用固定效应模型之后，实证回归结果如表 5－6 所示。模型 $R^2=0.9109$，表明模型整体拟合良好且具有显著性，回归结果能够较好地反映中国高质量发展指数与各解释变量之间的显著关系。

表 5－6 实证回归结果

变量	系数	*T* 值	*P* 值
vit	0.0257	3.85	0.000***
ach	0.0594	10.47	0.000***
tax	0.0098	12.59	0.000***
exp	0.1064	4.14	0.000***
cas	0.0222	1.69	0.091*
for	0.0019	6.11	0.000***
inv	0.1542	8.56	0.000***
pat	0.3417	14.51	0.000***
常数项	6.6567	8.53	0.000***
被解释变量 *Q*		$R^2=0.9109$	

注：***、**、* 分别表示在 1%、5%、10%的显著性水平上显著。

根据回归结果进行整理，得到表 5－7，以便分析各解释变量对中国高质量发展驱动作用的相对大小。

表 5－7 驱动作用排名

解释变量		符号	作用大小排名
市场机制	市场活力指数	vit	5
	技术成果市场化	ach	4
政府作用	财政一般支出占比	exp	3
	专利执法立案数	cas	6
	地方财政税收收入占比	tax	7
要素机制	国内专利申请受理量	pat	1
	全社会固定资产投资	inv	2
	森林覆盖率	for	8

国内专利申请受理量(pat)所代表的要素升级在驱动作用大小方面排名第一,对高质量发展的回归系数为正值,表示国内专利申请受理量(pat)每增加 1 个单位,中国高质量发展水平增长 0.3417 个单位,且通过 1%的显著性检验。要素升级对中国高质量发展具有显著的促进作用,而要素质量的提升是影响中国高质量发展的重要因素。在新时代背景下,中国致力于优化产业结构、转变发展动力,创新变得尤为重要。在各类创新系统中,技术创新始终处于核心地位。从微观角度来看,技术创新能够使原本的生产要素高级化,提高生产效率,改变企业原有的生产模式,降低对资源的依赖程度。从宏观角度来看,技术创新改变了原有的社会资源配置模式,使社会整体资源配置更加高效。中国的科技创新正处于从量的积累向质的飞跃、点的突破向系统能力提升的关键时期。

全社会固定资产投资(inv)所代表的要素投入在驱动作用大小方面排名第二,对高质量发展的回归系数为正值,表示全社会固定资产投资(inv)每增加 1 个单位,中国高质量发展水平增长 0.1542 个单位,且通过 1%的显著性检验。要素投入对中国高质量发展具有显著的促进作用,而要素投入的提升是影响中国高质量发展的基础性因素。要素投入量的增加可以通过影响产业结构来促进经济发展,而要素基础投入是要素升级的源泉。中国积极支持增加各类要素投入,并鼓励长期坚持和大胆探索,以此为建设科技强国奠定坚实基础。

财政一般支出占比(exp)所代表的政府宏观调控在驱动作用大小方面排名第三,对高质量发展的回归系数为正值。财政一般支出占比(exp)每提升 1 个单位,中国的高质量发展水平增长 0.1064 个单位,且通过 1%的显著性检验。政府可通过宏观调控,制定发展规划和产业政策,协调区域经济,保护生态平衡,实行社会保障等措施,最终保持经济平衡,促进高质量发展。

技术成果市场化(ach)和市场活力指数(vit)所代表的市场机制在驱动作用大小方面排名第四和第五,对高质量发展的回归系数均为正值。技术成果市场化(ach)每提升 1 个单位,中国的高质量发展水平增长 0.0594个单位,且通过 1%的显著性检验。市场活力指数(vit)每提升

1个单位,中国的高质量发展水平增长0.0257个单位,且通过1%的显著性检验。在社会主义市场经济体制中,市场通过价格、竞争、供求等市场机制发挥对社会资源的配置作用。市场机制的作用对中国的高质量发展非常重要,虽然经过多年实践,中国的社会主义市场经济体制已经初步建立并不断发展,但目前其驱动作用还不够强大,仍存在不少问题,如市场机制发挥作用的渠道不畅等。中国必须始终坚持使市场在资源配置中起决定性作用,坚决破除经济发展的体制机制障碍,尽可能实现经济的高效率、高效益发展。

专利执法立案数(cas)所代表的政府规范市场在驱动作用大小方面排名第六,对高质量发展的回归系数为正值。专利执法立案数(cas)每提升1个单位,中国的高质量发展水平增长0.0222个单位,且通过10%的显著性检验。中国政府一直在为建设完善的市场体系、公平的竞争环境、独立的市场主体和健全的社会保障而不懈努力,在尊重市场规律的基础上,通过改革激发市场活力,用法治规范市场行为,从而更好地与市场机制相互补充,促进高质量发展。

地方财政税收收入占比(tax)所代表的政府调节收入在驱动作用大小方面排名第七,对高质量发展的回归系数为正值。地方财政税收收入占比(tax)每提升1个单位,中国的高质量发展水平增长0.0098个单位,且通过1%的显著性检验。这说明了政府对收入分配的调整能够缓解因收入分配严重不均而引起的社会矛盾,为社会经济的快速发展提供良好的社会氛围,从而进一步促进高质量发展。

森林覆盖率(for)所代表的环境禀赋在驱动作用大小方面排名第八,对高质量发展的回归系数为正值。森林覆盖率(for)每提升1个单位,中国高质量发展水平增长0.0019个单位,且通过1%的显著性检验。这说明了自然资源是人类生存发展的基础,虽然从目前的回归结果来看,环境禀赋对高质量发展的驱动作用还不够大,但对一个国家的长期发展有着重要作用。

5.4　稳健性检验

稳健性检验的目的是检验在不同条件下，回归系数的正负号和显著性是否发生改变，本章采取替换解释变量的方法来进行稳健性检验。要素升级是反映地区生产要素质量的指标，在上述固定效应回归模型中采用的是国内专利申请受理量来衡量，接下来拟采用 R&D 人员数、R&D 经费投入强度、R&D 人员投入强度来代替，并分别将它们代入固定效应回归模型后结果如表 5-8 所示。回归结果表明，模型拟合良好，整体回归的 R^2 分别为 0.9233、0.9338、0.8796，各变量回归系数的正负号和显著性前后一致，可以认为模型具有较好的稳健性。

表 5-8　稳健性检验

稳健性检验	检验模型一被解释变量 Q $R^2=0.9233$			检验模型二被解释变量 Q $R^2=0.9338$			检验模型三被解释变量 Q $R^2=0.8796$		
变量	系数	T 值	P 值	系数	T 值	P 值	系数	T 值	P 值
vit	0.0206	3.34	0.001***	0.0129	2.26	0.024**	0.0203	2.62	0.009***
ach	0.0070	13.37	0.000***	0.0580	11.89	0.000***	0.0634	9.46	0.000***
tax	0.0089	12.2	0.000***	0.0613	8.52	0.000***	0.0105	10.81	0.000***
exp	0.1295	5.41	0.000***	0.1196	5.44	0.000***	0.0556	1.83	0.067*
cas	0.0034	2.9	0.004***	0.0306	2.84	0.005***	0.0010	7.36	0.000***
for	0.0018	6.02	0.000***	0.1448	5.26	0.000***	0.0021	5.78	0.000***
inv	0.1230	7.27	0.000***	0.1826	13.47	0.000***	0.3109	19.24	0.000***
rd1	0.3921	18.05	0.000***	—	—	—	—	—	—
rd2	—	—	—	0.1701	21.37	0.000***	—	—	—
rd3	—	—	—	—	—	—	0.1002	5.02	0.000***
常数项	6.1338	8.47	0.000***	6.7974	10.1	0.000***	4.9660	5.13	0.000***

注：***、**、* 分别表示在 1%、5%、10% 的显著性水平上显著。

5.5　本章小结

本章采用第 4 章测算出的高质量发展综合指数作为被解释变量，根据第 2 章的高质量发展驱动机制的作用机理，建立面板回归模型，实证分析中国高质量发展的驱动因素，并对实证回归结果进行分析，最后通过变更变量的方式来检验模型的稳健性。主要研究结果如下：基于前文文献和理论研究，通过对中国高质量发展指数及其各驱动因素的回归分析，发现各驱动因素对中国高质量发展具有显著的正向影响。其中，国内专利申请受理量对高质量发展指数的贡献最大，表明了要素升级对中国高质量发展具有显著的促进作用，要素质量的提升是目前驱动中国高质量发展的最重要因素。全社会固定资产投资的重要性次之，表明了要素投入对中国高质量发展具有显著的促进作用，要素投入的提升是驱动中国高质量发展的基础性因素。财政一般支出占比所代表的政府宏观调控的驱动作用排名第三，表明目前中国政府通过宏观调控能够有效保持经济平衡，促进高质量发展。技术成果市场化和市场活力指数所代表的市场机制的驱动作用分别排名第四和第五，表明中国社会主义市场经济体制虽然在不断发展，但目前其驱动作用还不够大。专利执法立案数所代表的政府规范市场的驱动作用排名第六，表明中国政府积极发挥了规范市场、与市场机制相互补充的作用。地方财政税收收入占比所代表的政府调节收入的驱动作用排名第七，表明政府对收入分配的调整作用，对促进高质量发展有一定的贡献。森林覆盖率所代表的环境禀赋的驱动作用排名第八，说明了环境禀赋目前对于中国高质量发展的驱动作用还不够明显。

第 6 章

高质量发展中工业升级影响工业生态效率的机制分析

6.1 工业升级影响工业生态效率的机制分析

工业升级强调通过改进各种生产要素、提高生产效率、提升产品质量等途径，最终实现工业产品附加值的增加。而工业生态效率是以最少的要素投入和最小的生态成本为目标，最大限度地提高工业产品或服务的价值，涉及了经济和生态两大系统。这两个概念都强调了生产要素的投入和产出的增加。

图 6－1 清楚地展示了经济系统与生态系统的关系。从经济系统出发，它为工业升级提供劳动力、资本、技术等生产要素，工业生产活动

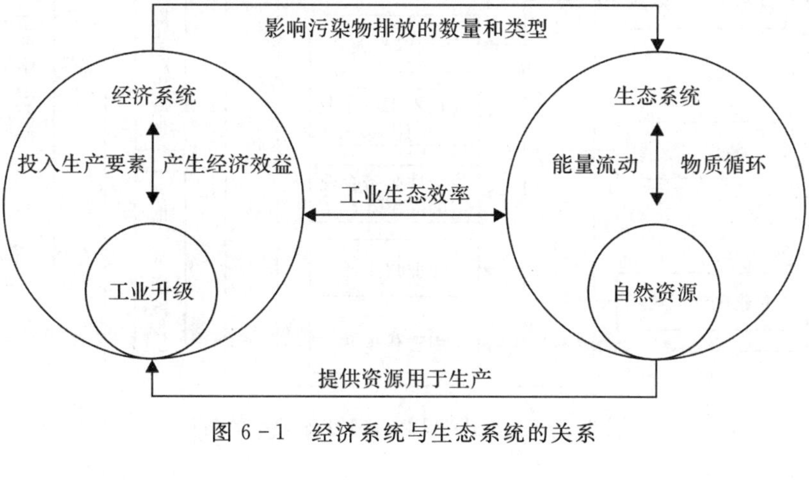

图 6－1　经济系统与生态系统的关系

产生的经济效益会作用于经济系统，进而影响生产要素投入的数量和质量。同时，工业系统是经济系统的重要组成部分，经济系统的发展与工业系统的升级效果息息相关。从生态系统出发，生态系统为经济系统，也为工业系统的升级提供能源、土地等资源，而工业系统的升级效果会影响工业企业污染物排放的数量和类型，并再次作用于生态系统。同时，自然资源也是生态系统的组成部分，是生态系统发展不可分割的一部分。工业生态效率将经济系统和生态系统有机地结合在一起，既能反映经济系统的投入和产出情况，又能体现生态系统的资源利用和能量消耗情况。

简单来说，工业升级一方面可以通过改变工业企业污染物排放的数量和类型来影响生态系统，另一方面可以通过改变工业企业的经济效益来影响经济系统，从而影响工业生态效率的大小。

进一步，图 6-2 展示了工业升级影响工业生态效率的四条路径，通过工业升级的资源配置效应、技术高级化效应、溢出效应以及专业化分工

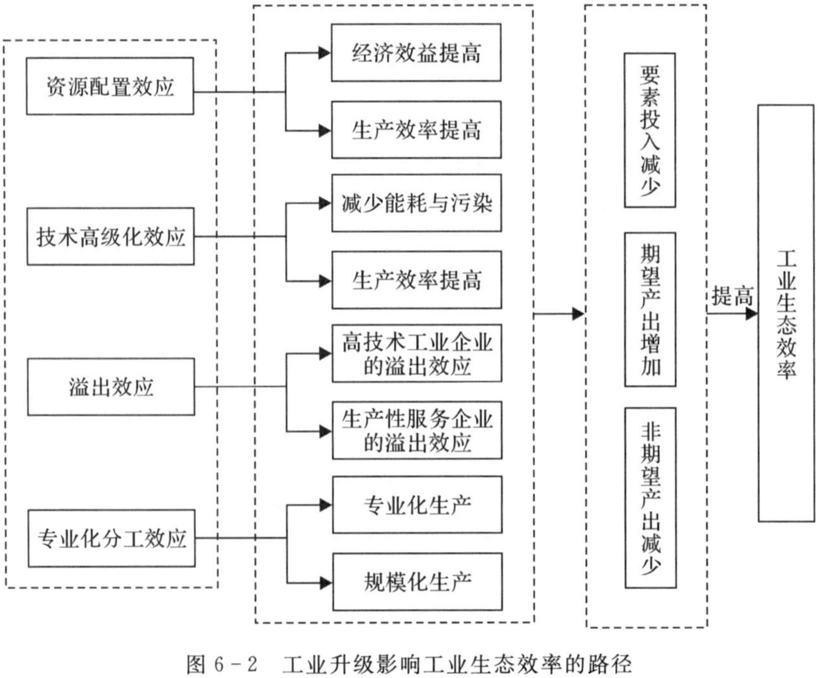

图 6-2 工业升级影响工业生态效率的路径

效应，实现要素投入减少、期望产出增加、非期望产出减少，最终促进工业生态效率的提高。

接下来，本章将具体阐述这四个方面对工业生态效率产生影响的理论机制，为后文分析奠定理论基础。

6.1.1　工业升级的资源配置效应

劳动力等生产要素的有效配置与改进是工业升级的重要特征之一。随着各类生产要素在不同工业企业之间自由流动，各种类型的资源将不断地进行流动和分配，促使工业部门的资源分配逐步由不合理向合理化转变（靳卫东，2010）。也就是说，工业升级可以通过优化各种生产要素在不同工业企业间的合理配置，提高行业的工业生态效率。

资源配置效率是指在技术保持不变时，投入要素在生产过程中进行配置所能获得的收益。提升资源配置效率则是在既定条件下寻求要素的最优分配方式。在经济发展的进程中，由于受到土地和市场需求的限制，工业在发展到一定阶段后，其规模报酬难以得到大幅提升。所以，生产要素会在市场机制的驱动下，逐渐向高经济效益的方向流动，这使得各种生产要素从生产效益低的工业企业向生产效益高的工业企业流动，推动工业升级，提升资源的利用效率，带来了总产出的增长，增强了企业对经济的拉动作用，进而提高了工业生态效率。在长期的计划经济体制制约下，中国的要素分配市场化改革相对滞后，导致了生产要素的不合理配置。当前仍存在着要素重置的潜在空间，工业升级应该重点关注各类生产要素从低生产率企业流向高生产率企业的有效转移。具体的作用机制如图 6－3 所示。

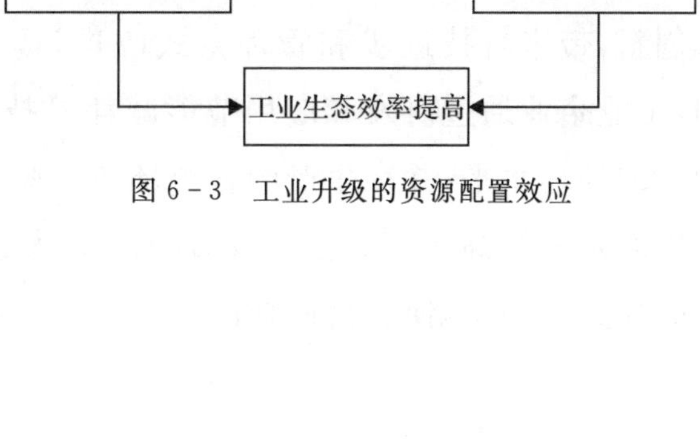

图 6－3　工业升级的资源配置效应

6.1.2 工业升级的技术高级化效应

工业技术升级是工业升级的核心动力，工业升级必然伴随着工业技术的高级化。工业企业内部技术的高级化，不仅可以提高工业部门的经济效益，而且有利于节约自然资源，减少能源消耗与环境污染，提升工业生态效率。

首先，工业企业的首要任务是为整个社会持续供给各种满足人类需求的产品。这些数量庞大、种类繁多的产品都是由特定的生产环节所产生的，而所有的生产过程都与技术的发展密切相关。工业企业的技术水平是影响产品质量的核心要素，产品质量会影响市场竞争能力，而市场竞争能力决定了企业经济效益。因此，工业企业的技术进步能够通过增加企业的经济效益而推动工业生态效率提升。

其次，在高技术尚未得到充分发展和应用的时代，由于缺乏可供选择的绿色清洁型工业产品，公众只能消费低技术、高污染型工业产品。但随着生活水平的日益提升，社会对生态质量的要求也随之提高，公众对绿色清洁型工业产品的需求也越发强烈。高技术工业企业的发展为满足公众对绿色清洁型工业产品的需求提供了可能。由于高技术工业企业在产品生产过程中利用了许多先进高端技术，可以生产出低污染、低能耗的清洁型工业产品，因此，高技术工业企业的快速发展可以通过增加绿色清洁型工业产品的供给来影响消费结构，为工业升级提供动力，使工业向绿色、节能、环保的方向发展（李邃 等，2011）。

最后，随着高技术环保型工业企业在行业中所占比重逐渐提高，高技术环保型工业企业将逐渐成为行业中的主导企业，这些企业可以通过技术创新，带来科技进步和管理方式改进，提高对污染物的处理技术。例如，工业企业通过研发和应用节能减耗等技术，可以减污降碳，提高对污染物的处理水平，并在生产的各个环节中减少对各类资源的消耗，促进工业生态效率提高（王伟光 等，2015）。也就是说，工业升级可以减少不必要的损失和浪费，使获得同样的经济产出所需要消耗的资源减少，减少人均能源消耗和污染排放，从而实现对生态环境的修复与保护。其具体作用机制如图 6 - 4 所示。

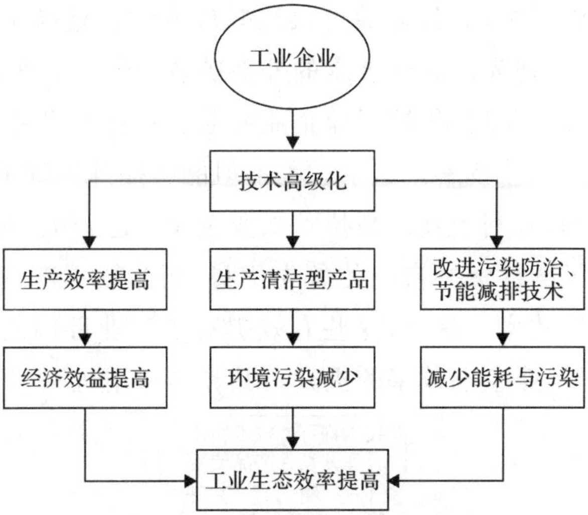

图 6 - 4　工业升级的技术高级化效应

6.1.3　工业升级的溢出效应

工业升级体现了产品附加值和技术含量的提高，工业升级的主要特征之一就是要让高技术性、高关联度、高生产效率的工业企业在该行业中占据主导地位。这些高技术工业企业通过较强的技术外溢以及与其他企业的关联作用，带动了整个工业企业的技术效率提高（余泳泽 等，2016）。基于此观点，本书认为工业升级的溢出效应可以分为高技术工业企业的溢出效应以及生产性服务企业的溢出效应。

1. 高技术工业企业的溢出效应

高技术工业企业依靠先进的科学技术和较强的研发创新能力，在竞争过程中形成了自己独特的优势。高技术工业企业如果想要一直在技术上保持行业领先优势，就必须投入大量的科研资金开展研发活动、进行技术创新，所以它们自身就具有较高的生产效率。而技术进步具有溢出效应，具体来说：一方面，其他传统工业企业的生产技术与高技术工业企业存在较大差距，在高技术工业企业取得技术创新和科技进步后，高技术工业企业可通过信息互享、知识交流以及技术合作等途径将先进技术传递给传统工业企业。高技术工业企业不仅能通过需求效应推动产业链上游的传统工业企业升级，而且能通过供给效应驱动产业链下游的传统工业企业进步，从而实现先进高端技术的外部扩散。另一方面，高技术工业企业具有一定的示范作用，传统工业企业会通过各种方式主动学习、模仿并应用这些先进的工艺技术。这个过程不但能够提升传统工业企业的技术水平和生产效率，有利于其向高技术工业企业改造升级，而且能倒逼高技术工业企业为了继续保持自身的领先优势，而持续不断地开展技术创新活动和提升生产效率。最终，这些有效提高了工业部门的生产效率和经济效益，推动了工业生态效率的提升。其具体作用机制如图 6－5 所示。

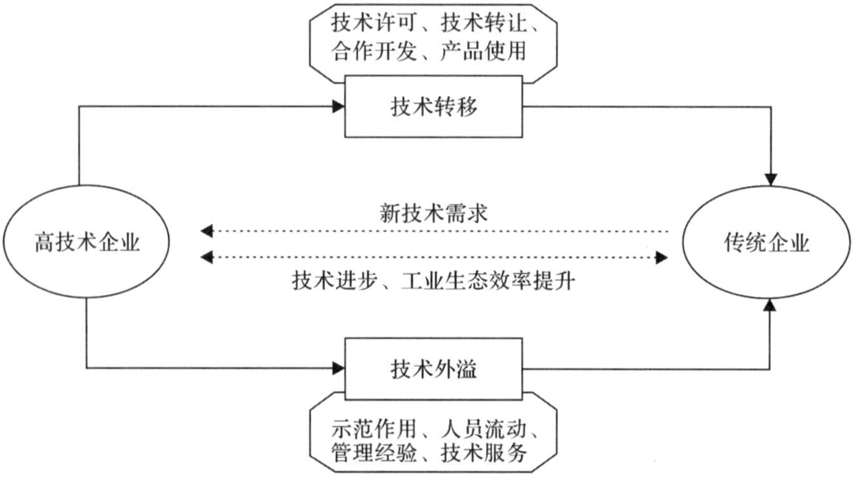

图 6－5　高技术工业企业的溢出效应

2. **生产性服务企业的溢出效应**

生产性服务企业是服务于生产制造的企业，不为终端消费者提供商品或服务。这类企业大多是为制造业提供保障服务的，与制造业关系紧密，旨在提高制造业生产与运营效率并推动技术创新。由于生产性服务企业与其他工业企业之间存在明显的关联关系，其发展有助于其他工业企业的生产经营，有利于提高工业生态效率（金晟，2018）。

一方面，按照企业价值链理论，企业通常仅依赖于价值链上的特定环节来获取经济价值,如生产制造环节。而对于在融资服务、物流运输以及人力管理等非核心价值创造环节,工业企业内部的运营管理效率通常不高。如果这些环节的内部运营管理成本比外包成本更高,那么为了实现经济效益的最大化,工业企业就会选择外包这些环节。生产性服务企业在规模经济的作用下,其法律咨询、技术服务和物流运输等方面的专业化程度会比工业企业高得多。工业企业把这些非核心价值创造环节外包给专业服务企业,既能减少工业企业的生产成本和管理费用,又可以提高生产效率。另一方面,生产性服务企业本身就具有较高的生产效率,具有高专业化以及知识密集的特征。生产性服务企业为其他工业企业在内部机制、生产经营模式等方面提供专业化服务,引导其他工业企业实现技术进步、改进管理模式,推动高新技术产品的研发与应用,带动其他工业企业升级,进而提高生产效率(白清,2015),推动工业生态效率提升。其具体作用机制如图 6-6 所示。

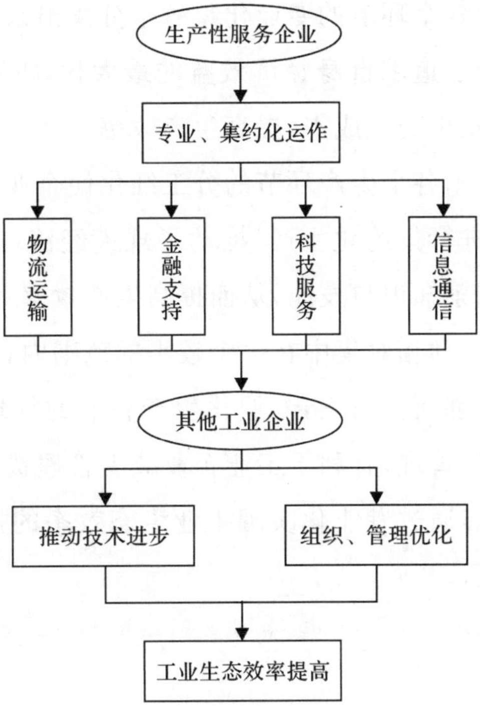

图 6-6　生产性服务企业的溢出效应

6.1.4 工业升级的专业化分工效应

亚当·斯密在《国富论》中提出了劳动分工会促进经济增长的理论。最初的生产要素需要通过设计、加工以及制造等多个流程才能转化成新的产品,进而到达消费者手中。随着社会生产的发展,这些生产流程逐渐被拆分成越来越细化的生产环节,使许多原来不存在的专业化生产环节得以脱离出来,形成专业化企业,并引入许多先进的专业化生产技术,促使生产效率得以提高(马淑琴 等,2021)。

从专业化分工的角度来看,工业升级的重要特征之一就是分工深化,它使工业生产的各个环节发生裂变,出现更多类型的工业企业。在生产分工不断深化的过程中,新的工业企业会不断涌现,从而对中间产品以及新环节的生产工具也产生了新的需求。工业升级带来的专业化分工效应增强了生产过程中各个环节的专业化。每个分离出来的专业化生产环节的工业企业都会为了追求自身经济效益的最大化,不断提升和创新所需要的专业技术,以减少交易成本、提高生产效率。

具体来看:第一,各个生产环节的分工细化使企业的专业化水平得到增强,将同类产品进行集约化生产,推动了规模经济,进而使工人可以在重复工作中不断积累知识与技能,从而提高生产效率。第二,在专业化的生产环境下,生产活动相对集中在一个较小的范围内,有利于促进技术的成熟发展和进一步创新。第三,专业化生产企业的管理工作相对更容易实现规范化、制度化管理,有利于工业企业减少管理费用、提高管理效率。最终,工业企业能够通过专业化实现工业生态效率的提升。其具体作用机制如图 6-7 所示。

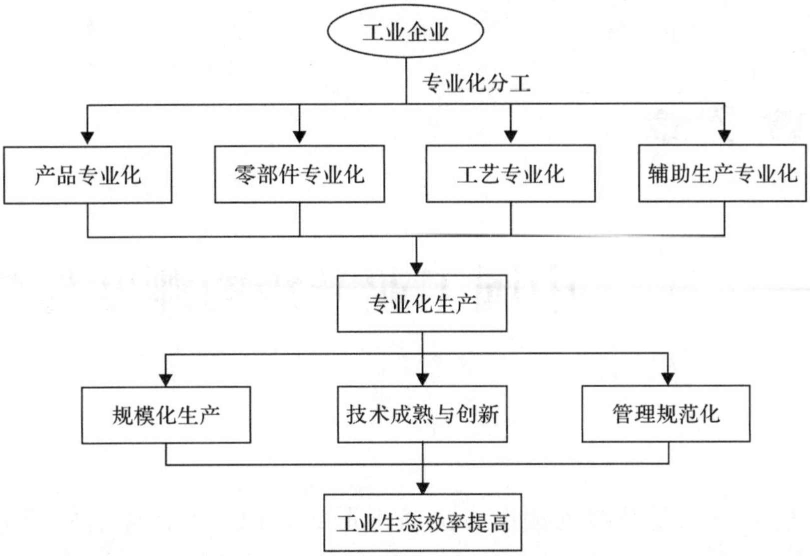

图 6-7 工业升级的专业化分工效应

6.2 本章小结

本章分别从工业升级的资源配置效应、技术高级化效应、溢出效应和专业化分工效应的角度分析了工业升级对工业生态效率的作用机制。具体而言:①工业升级可以通过优化各种生产要素在不同工业企业间的合理配置,使资源的利用效率提升,推动工业升级,促使经济效益增加,进而提高工业生态效率。②工业企业内部技术的高级化,不仅可以提高工业部门的经济效益,而且有利于节约自然资源,减少能源消耗与环境污染,提升工业生态效率。③高技术工业企业可通过多种途径将先进的技术与相关知识向传统工业企业传导,促进工业升级,有效提高生产效率和经济效益;生产性服务企业为工业企业提供专业化服务,引导其他工业企业在组织结构和经营管理方式上进行改进和变革,带动其他工业企业升级,提高工业生态效率。④工业升级带来的专业化分工效应会增强生产过程中各个环节的专业化水平,降低管理成本,推动规模化生产,利于技术的成熟与创新,从而促使工业生态效率提高。

以上有关工业升级影响工业生态效率的机制分析以及第 2 章的理论基础,为后续研究提供了理论分析框架。

第7章

中国工业升级的测度与分析

目前关于工业升级的测度方法尚未形成共识。有的学者将产业升级与产业结构升级混为一谈，直接采用产业结构合理化与高级化来度量产业升级，这种方法简化了运算，较为粗糙地将产业升级等同于产业结构的调整，研究层面相对较宏观，无法衡量工业细分行业的升级状况（陈羽等，2009）。此外，本书研究的重点之一是工业升级，仅以单一指标来度量工业升级不具有全面性和完整性，该方法更适合于把工业升级作为非重点内容进行研究，这与本研究的目标不符。

综上所述，参考相关研究，本章构建了一套全面评价中国工业升级水平的指标体系，并对2005—2019年中国工业升级水平进行测度。

7.1 中国工业升级评价指标体系的构建

7.1.1 指标选取原则

本章构建工业升级评价指标体系主要有三个目的：第一，通过构建工业升级评价指标体系，测度工业部门二级细分行业的工业升级效果，了解不同细分行业在发展过程中的问题和差距。第二，测度出的二级细分工业行业的工业升级数据将作为实证研究的原始数据。第三，根据测算结果提出相应的政策建议，以推动工业升级，补齐短板，突破工业升级的瓶颈。因此，合理构建中国工业升级评价指标体系是分析中国工业升级效果的前提和基础。该指标体系既要体现工业升级的核心内涵，又要考虑国家发展的要求。综上所述，指标选取应该遵循以下基本原则，而非简单地将一系列指标进行组合和堆积。

1. **科学性**

科学性原则强调必须体现研究对象的核心内涵。一方面，指标既要符合工业升级发展的运行规律，又要能概括工业升级的核心特征，为工业升级提供理论依据；另一方面，指标必须可以量化，可以定量反映工业发展的现实情况，能够为工业升级提供决策依据。

2. **主导性**

主导性原则强调指标应具备代表性。也就是说，该指标体系不可能包含全部相关指标，但要能比较全面地体现现阶段工业部门细分行业的发展特征。所以应该选择具有一定代表性和信息量较大的指标。

3. **动态性**

动态性原则强调指标能够动态反映中国的工业升级状况及效果。所选择的指标必须具有一定的时间尺度，也就是说，该指标应该具有在不同时期显示不同变化的特点。从实践角度来看，动态性原则就是要采集不同年份所对应的数据，最后获得一系列能够动态反映工业升级水平变动趋势的时间序列。

4. **数据可获得性**

数据可获得性原则要求在构建工业升级评价指标体系时，应确保所选择的每个指标都具备可获取、可操作以及可比较的特征。换句话说，本章选择的每个指标的数据都应该便于收集，能够对数据进行相关处理，具备一定的可比性。我们可以适当舍弃那些不能获取或获取成本过高的指标。

7.1.2　指标的选取与解释

结合第 2 章对工业升级内涵的界定，本小节将具体阐述如何从工业的技术升级、资本升级、劳动力升级、产出升级和外贸升级五个维度选取指标来构建工业升级评价指标体系。通过梳理工业升级测度的相关研究文献，在遵循指标构建原则的情况下，选取了 21 个三级指标来综合评价中国工业升级水平。表 7－1 是工业升级指标体系的具体描述。

表 7－1　中国工业升级评价指标体系

二级指标	三级指标	具体指标	指标解释
技术升级	技术规模	科技机构占比	拥有科技机构的工业企业占比
		科研活动占比	有科研活动的工业企业占比
	技术投入	R&D 经费	工业企业 R&D 经费内部支出
		R&D 项目数	工业企业 R&D 项目数
资本升级	资产利用效益	资金利税率	(利润总额＋销售税金及附加)/(固定资产＋流动资产)×100%
		资产利润率	利润总额/资产平均占有额×100%
	投资效益	投资效益系数	工业固定资产投资/总产值×100%
		固定资产交付使用率	固定资产动用速度
劳动力升级	劳动力规模	就业人数占比	工业企业就业人数/全国平均就业人数×100%
	劳动力质量	R&D 人员占比	工业企业 R&D 人员占从业人员比重×100%
		技术开发机构人员	工业企业技术开发机构人员数量
产出升级	生产效率	劳动生产率	工业劳动生产率＝工业总产值/就业平均人数
	运营效率	销售利润率	销售利润率＝利润总额/营业收入×100%
		生产成本利润率	工业企业生产成本利润率
	产品升级	新产品销售收入	大中型工业企业新产品销售收入
		新产品开发项目数	新产品开发项目数
外贸升级	盈利能力	外商利润	港澳台及外商投资企业工业利润总额
		外商收入	港澳台及外商投资企业工业营业收入
	开放规模	外商就业	港澳台及外商投资企业工业就业人数
		外商企业	港澳台及外商投资企业数
		外商资产	港澳台及外商投资企业资产

1. **工业技术升级**

朱卫平等(2011)认为技术水平的提高是产业升级的根本手段。技术升级为工业发展提供了新的生产工艺,有利于工业企业不断扩大市场规模、提高管理水平,进而改善消费需求。本书认为工业技术升级主要体现在两个方面:一是技术规模的升级。技术规模升级不仅体现了工业生产理念和模式的升级、技术创新环境的优化,而且能增强工业企业的市场活力和市场竞争力,有利于扩展市场空间和利润空间,是企业升级发展的重要方向。二是技术投入的升级。技术投入的不断增加有助于从源头上提升原始创新能力,有利于企业在技术研究领域培养优秀人才,从而能够带来行业生产成本的降低,推动供给结构的改变。本书具体选择了四项指标进行衡量。

从工业技术升级的规模角度选取拥有科研机构的工业企业占比、有科研活动的工业企业占比来反映工业企业内部对技术创新的支持与重视(岳意定 等,2014)。创新能力是科研机构和开展科研活动的核心能力。技术规模是保证工业技术升级的基础,没有一定的规模,工业技术升级就没有足够的动力。从工业技术升级的投入角度选取工业企业R&D经费内部支出、工业企业R&D项目数来分别反映工业企业的研发经费投入力度和科研立项能力(刘丹 等,2015)。研发经费的投入能进一步激发工业企业的创新能力,是创新速度提升的基础。同时,科研立项能力的提高,可以很好地体现工业企业技术创新的意愿。研发项目越多,越能带来更多的创新成果,同时也为激励技术人员开展技术创新活动奠定了基础。

2. **工业资本升级**

朱卫平等(2011)认为资本升级也是影响产业升级的一个重要因素。资本升级不仅会促进资本优化配置、影响企业发展战略的制定,而且能在利润增加和资本结构改进的基础上,有效降低工业企业的经营风险。本书认为工业资本升级主要表现在两个方面:一是资产利用效益的升级。资产利用效益的提高不仅体现了企业内部资金周转速度的加快以及资金配置效率的提升,也表明了企业资本结构向着最佳资本结构不断优化的程度，这有利于工业企业的长期稳定发展。二是投资效益的提高。企业的投资效益反映了企业单位资本的获利能力。如果单位资本能够创造更多的经济利益，那么企业就能够在稳定投资和增长的基础上，进一步提升企业资本的经营管理效率。本书具体选择了四项指标进行衡量。

从工业资本升级的资产利用效益角度选取资金利税率、资产利润率来反映工业企业资金和总资产的综合使用效果（周明 等，2016；王玉燕 等，2016）。这两项指标越大，说明其资金资产的利用效率越高，企业的资本结构就越合理，越有利于企业经济效益的持续提升。从工业资本升级的投资效益角度选取投资效益系数、固定资产交付使用率来反映单位工业投资所增加的国民收入和基本建设投资效果（陈佳贵 等，2009）。这两项指标越大，说明其投资所取得的经济效益越高，越有助于工业企业稳定投资和有效降低经营风险。

3. **工业劳动力升级**

张彦彦（2021）认为产业升级会增加对高质量人才的需求，倒逼劳动力质量提升，进而提高劳动力升级与产业升级的适配性，这有利于实现产业升级。土地、资本等要素都必须依靠劳动力要素的能动性来激活和运作。因此，劳动力升级是推动工业企业开展技术创新活动、提升生产效率的关键，对工业发展十分重要。本书认为工业劳动力升级主要体现在两个方面：一是劳动力规模的扩大。劳动力规模的扩大体现了工业行业对就业人口吸纳能力的提升，表明该行业正处于发展周期的上升阶段。劳动力的稳定增长是企业发展和建设的前提。二是劳动力质量的提升。高质量的劳动力供给能够更好地发展集约度较高的行业，促进技术升级，为企业的创新提供有力支撑。本书具体选择了三项指标进行衡量。

从工业劳动力升级的规模角度选取工业企业就业人数占比来反映工业行业对就业的贡献（周明 等，2016）。该指标越大，说明该细分工业行业吸纳就业人口的能力越强。劳动力的数量优势有助于企业更好地发挥其他生产要素的作用，为该行业的发展提供基本支撑。从工业劳动力升级的质量角度选取工业企业 R&D 人员占从业人员比重、工业企业技术开发机构人员数量来反映工业企业劳动力的创新能力(刘丹 等,2015;李子伦,2014)。创新人才为工业企业开展一系列的创新活动提供了有力支撑,能够切实增强工业企业的技术创新能力,推动各种创新资源聚集,从而助力工业高质量发展。

4. **工业产出升级**

朱卫平等(2011)认为产业升级是企业生产和管理效率提高而带来的产品附加值的增加。一方面,产出升级可以通过改变现有的供给结构,引导消费需求改变;另一方面,产出升级体现在工业企业核心竞争上,工业企业可以通过提升单位产品的价值来达到赶超竞争对手的目的。本书认为工业产出升级主要体现在三个方面:一是生产效率的提升。较高的生产效率是工业升级的重要特征之一,体现了社会生产力的提高,助力工业高质量发展。二是企业运营效率的提高。较高的运营效率展现了工业企业通过内部有效配置资源,能够满足市场需求的能力,为改善企业效益奠定坚实的基础。三是产品升级。产品升级不仅是产品演变遵循的发展规律,而且是工业企业竞争优势的重要体现。新产品的产生既会改变现阶段的产品供应结构,也会推动社会经济消费结构的改变。本书具体选择了五项指标进行衡量。

从工业产出升级的生产效率角度选取劳动生产率来反映工业企业有效开展生产活动的水平(李平 等,2010)。劳动生产率是衡量产业经济发展前景的核心指标,反映了资源的配置效益。该指标越大,表明该工业行业的经济发展潜力越大,越有可能成为带动工业发展的先导性行业。从工业产出升级的运营效率角度选取工业企业销售利润率和生产成本利润率来体现工业企业的运营效率以及对生产成本的控制能力(王玉燕 等,2016)。实现以较低的生产成本获取更高的经济收益是工业企业经营运作的核心目标。该目标体现在工业企业生产运营的每个环节,直接影响着企业的可持续性发展。从工业产出升级的产品升级角度选取新产品销售收入和新产品开发项目数来反映工业企业创新成果的转化能力(陈佳贵 等,2009)。重视创新成果的转化是企业竞争发展的需要。企业竞争逐渐体现为创新技术的竞争,尤其表现为高技术创新成果的转化数量、质量与转化速度的竞争。新产品不仅是企业核心竞争力的重要体现，也是提高产品附加值的必由之路。

5. 工业外贸升级

程惠芳等(2011)认为，经济国际化能力是评价经济升级综合能力的重要方面，而本部分的工业外贸升级水平就可以理解为工业经济的国际化能力。工业外贸升级水平的提高不仅能够带来先进的技术、产品、管理体系和管理经验，而且能培养出许多优秀行业人才，推动中国细分工业行业商业模式的发展与成熟，从而提升竞争力。本书认为工业外贸升级主要体现在两个方面：一是盈利能力的增强。较强的盈利能力有利于促进中国工业经济增长和财政收入增加；同时，也能展现出中国高水平的贸易投资自由化环境，增加外商直接投资，促进对外贸易的发展。二是开放规模的扩大。对外开放水平的扩大对提高中国技术水平、扩大就业、改善产品与服务质量、推动中国现代企业制度的建立和完善都有着积极作用，促进中国工业经济与国际经济接轨。本书具体选择了五项指标进行衡量。

从工业外贸升级的盈利能力角度选取港澳台及外商投资企业工业利润、营业收入来反映工业企业外贸渠道的盈利能力(周明 等，2016)。外资工业企业拥有较高的营业收入及利润水平，能够向国外投资者传递高投资收益的信号，从而有利于吸引更大规模的外资，形成吸引高质量外资的环境。从工业外贸升级的开放规模角度选取港澳台及外商投资企业的工业就业人数、企业数及企业资产反映工业行业的对外开放程度(岳意定等，2014)。外商投资企业不仅可以通过前后向的产业联系创造就业机会，而且能通过合理引进和使用外资促进产业间竞争、行业内专业化分工和技术创新。

7.1.3 数据来源

本章的数据主要来源于《中国工业统计年鉴》《中国科技统计年鉴》及国家统计局。由于部分指标数据在年鉴中尚未公布，因此我们也采用了中国经济金融研究数据库(CSMAR 数据库)、CEIC 数据库进行搜集，对于少数缺失数据采用了插值法等科学方法进行适当填补。

7.1.4 行业合并

按照《国民经济行业分类标准》，本章将中国的工业部门分为采矿业、制造业和电力、热力、燃气及水的生产供应业[①] 3 个一级大类行业和 37 个二级细分行业[②]。其中，本章对行业数值缺失较多或统计时间较短的个别行业进行了合并处理，并将其归并为“其他工业”。表 7－2 展示了本章对工业细分行业进行合并的结果。

表 7－2　行业合并结果

序号	代码	行业简称	序号	代码	行业简称	序号	代码	行业简称
1	6	煤炭开采	14	21	家具制造	27	33	金属制品
2	7	石油开采	15	22	造纸制品	28	34	通用设备
3	8	黑金采选	16	23	印刷复制	29	35	专用设备
4	9	有金采选	17	24	文教制造	30	36～37	交通设备
5	10	非金采选	18	25	石油加工	31	38	电气机械
6	13	农副食品	19	26	化学制品	32	39	计算机通信
7	14	食品制造	20	27	医药制造	33	40	仪器仪表
8	15	饮料制造	21	28	化纤制造	34	44	电热生产供应
9	16	烟草制品	22	29	橡胶制品	35	45	燃气生产供应
10	17	纺织业	23	29	塑料制品	36	46	水的生产供应
11	18	服装业	24	30	非金制品	37	11～12 41～43	其他工业
12	19	皮毛制品	25	31	黑金加工			
13	20	木材制品	26	32	有金加工			

7.2 中国工业升级评价指标体系的测度

7.2.1 测度方法

工业升级是一个涉及国家经济发展，具有动态性、综合性特征的实现过程。所以，工业升级的测度是一项比较复杂且综合性较强的工作。在采用指

① 后文将其简称为“电热燃气及水的生产供应业”。
② 其中，装备制造业包括的行业在文中对应序号为 27、28、29、30、31、32、33。

标体系法进行系统测度时，给各指标赋权十分重要。指标权重的合理性决定了测度结果的准确性。所以，要采用科学的方法合理赋权。通过梳理相关文献，我们可将主流的赋权方法归为两类，如表 7－3 所示。

表 7－3　主流的指标评价方法

类别	方法	优点	缺点
主观赋权法	层次分析法	所需数据较少、花费时间较短	主观因素影响大，可能存在严重片面性；不适用于同一维度指标数量较多的情况
	专家评分法	集中了解专家意见	主观因素影响大，很难确保权重的科学合理性
	模糊综合评价法	适用于多层次或多因素存在的情况	计算复杂，主观因素影响大
客观赋权法	熵值法、变异系数法	根据数据的变异程度赋权	不关注指标的经济意义，存在偏差
	因子分析法	用少数因子代表原始指标，简化分析	有数据量要求，需要通过 KMO 检验
	主成分分析法	用少数指标表示主要信息，减少指标相关性的影响	当主成分因子的符号不同时，评价意义不明确

主观赋权法是决策者完全根据自身专业性来赋权的方法。它虽然可以准确反映决策者的主观判断，但很可能会由于其经验不足或知识有限，影响评价结果的合理性，具有很强的主观随意性，通常会被质疑。而客观赋权法完全依赖于实际数据。指标被赋予的权重会随着样本数据的改变而改变，只能运用数据的已知信息最大限度地挖掘系统规律。因此，在对各个方法的可行性及优缺点进行对比分析后，结合工业升级的特征，本章选择结合二者优点的综合赋权法来给各个指标赋权。

因子分析法与主成分分析法都属于客观赋权法，它们都是用少数变量来代表原始数据的主要信息，这与工业升级的内涵不一致。而熵值法和变异系数法都只考虑了指标的变异程度，未将各个指标之间的关联程度纳入考虑范围，显得较为片面。所以，本章采用等权重法来确定主观权重（认为工业升级的五个维度同等重要），选择考虑到更多方面的

CRITIC 客观赋权法来确定客观权重，再利用乘法合成归一化法进行综合，从而确定各指标的综合权重。这种综合赋权法不仅能够准确反映决策者的主观判断，而且能够较为客观地衡量各个指标的重要程度，可以弥补两类赋权法各自的不足，使最终得到的指标权重更加合理。

7.2.2　具体步骤

由于所采集的数据要反映工业升级的各个方面，因此数据具有不同的属性和度量单位，必须先进行无量纲化处理，再进行后续计算。

1. **构建原始指标矩阵**

$$x_{ij}^{n\times m}=\begin{bmatrix} x_{11} & x_{12} & \cdots & x_{1m} \\ \vdots & \vdots & & \vdots \\ x_{n1} & x_{n2} & \cdots & x_{nm} \end{bmatrix}$$

式中，n 为评价对象数；m 为评价指标数。

2. **无量纲化处理**

一般而言，指标体系中各指标的单位很可能不同，其量级也可能存在较大差异，导致缺乏可比性。无量纲化处理可以保证指标具有可比性，减少分析上的困难，使评价结果更为合理。

极值处理法的优点在于操作简单，受限较小，能满足指标的变异性、差异性和稳定性等特点，能够直接解决指标属性的问题。其局限性在于不适用于指标值不变的情况。本章所选取的指标数据值均不是常量，适合使用该方法。

对于正向指标，有

$$X_{tn}=\frac{x_{tn}-\min(x_{1n},x_{2n},\cdots,x_{Tn})}{\max(x_{1n},x_{2n},\cdots,x_{Tn})-\min(x_{1n},x_{2n},\cdots,x_{Tn})}$$

对于负向指标，有

$$X_{tn}=\frac{\max(x_{1n},x_{2n},\cdots,x_{Tn})-x_{tn}}{\max(x_{1n},x_{2n},\cdots,x_{Tn})-\min(x_{1n},x_{2n},\cdots,x_{Tn})}$$

式中，x_{tn} 表示标准化处理前第 t 年第 n 项指标的值；X_{tn} 表示标准化后第 t 年第 n 项指标的值；T 为总时期。

3. 评价指标权重的确定

CRITIC客观赋权法是基于数据本身特性赋予权重的方法。该方法需要先计算各项指标间的对比强度与关联程度，进而计算信息量，然后根据指标信息量给各项指标赋权。对比强度用标准差代表指标的波动性。较大的变动幅度意味着较大的数值差异，则应赋予更高的权重。关联程度反映各指标的冲突性。关联程度越高，其冲突性就越小，就说明这两个指标所反映的信息具有很大相似性，权重不宜太高。赋权过程如下。

(1)计算对比强度，用S_j表示：

$$S_j = \sqrt{\frac{\sum_{i=1}^{n}(X_{ij} - \bar{X}_j)^2}{m-1}} \quad (j = 1, \cdots, n)$$

式中，S_j为指标j的标准差；X_{ij}为无量纲化后的数据；$\bar{X}_j$是指标j的均值；m与n分别为样本数量和指标个数。

(2)计算关联程度H_j：

$$H_j = \sum_{h}^{n}(1 - r_{hj})$$

式中，r_{hj}为指标h和指标j的相关系数。

(3)计算信息量Q_j和客观权重R_j：

$$Q_j = S_j \times H_j$$

$$R_j = \frac{Q_j}{\sum_{j=1}^{n} Q_j}$$

信息量的大小代表了指标的重要程度，越重要的指标就会被赋予更高的权重。

经过计算，我们最终确定了指标体系中21个具体指标的权重，如表7-4所示。

表 7-4　中国工业升级评价指标体系权重表

一级指标	二级指标	三级指标	具体指标	权重
中国工业升级评价指标体系	技术升级	技术规模	科技机构占比	0.0444
			科研活动占比	0.0486
		技术投入	R&D 经费	0.0635
			R&D 项目数	0.0436
	资本升级	资产利用效益	资金利税率	0.0460
			资产利润率	0.0338
		投资效益	投资效益系数	0.0426
			固定资产交付使用率	0.0777
	劳动力升级	劳动力规模	就业人数占比	0.0959
		劳动力质量	R&D 人员占比	0.0713
			技术开发机构人员	0.0328
	产出升级	生产效率	劳动生产率	0.0377
		经营效率	销售利润率	0.0347
			生产成本利润率	0.0344
		产品升级	新产品销售收入	0.0416
			新产品开发项目数	0.0516
	外贸升级	盈利能力	外商利润	0.0353
			外商收入	0.0253
		开放规模	外商就业	0.0344
			外商企业	0.0806
			外商资产	0.0244

7.3　中国工业升级分析

根据上述测度方法，计算出 2005—2019 年中国 37 个二级细分工业行业的工业升级指数。本节将深入分析中国工业整体、三大工业行业以及 37 个二级细分行业的工业升级水平及其变化趋势。

从工业整体层面来看，2005—2019 年中国工业升级的变化趋势如图 7-1 所示，可以看出，2005—2019 年中国工业升级指数整体呈现上升趋势，总体表现出“高速增长—缓慢增长—稳定增长”的发展态势。其中，技术升级指数增速最为显著，由 2005 年的 0.0305 上升到了 2019 年的 0.2167，增幅为 610.49%。产出升级指数增速排名第二，由 2005 年的 0.0775上升到了 2019 年的 0.1736，增幅为 124%。劳动力升级指数增速排名第三，由 2005 年的 0.1524 上升到了 2019 年的 0.2581，增幅为 69.36%。资本升级指数增速排名第四，由 2005 年的 0.3722 上升到了 2019 年的 0.4526，增幅为 21.60%。而增速最慢的是外贸升级指数，由 2005 年的 0.1195 上升到了 2019 年的 0.1370，增幅仅为 14.64%。

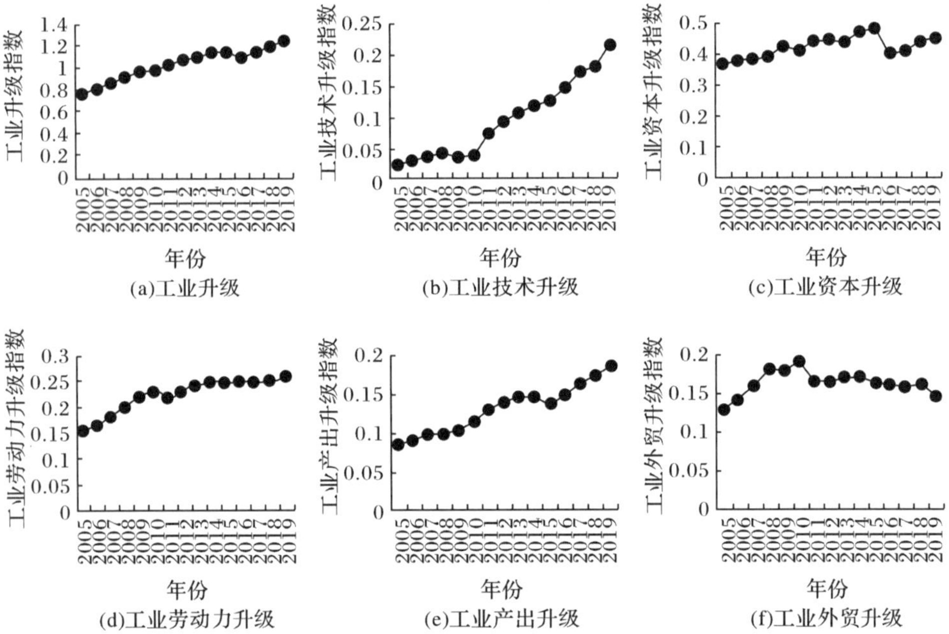

图 7-1 中国工业升级指数及其二级指标随时间变化趋势图

究其原因，第一，中国工业升级指数的快速上升，一方面是由于中国经济的持续增长和高质量发展的推动，拉动了国内需求；另一方面，过去较为宽松的国际贸易模式有利于中国更充分地利用资本、技术等要素。第二，工业技术升级增速最快，是工业升级的根本动力。2005 年以来，中国传统工业以供给侧结构性改革为发展主线，以技术进步和创新为核心，加速转型升级，在多个方面都取得了积极成效。第三，中国工业劳动力市场在“十一五”和“十二五”时期之交呈现出“民工荒”“招工难”的局面。这主要是由于农民工到工业企业就业的机会成本增加，劳动者拥有了更多选择就业岗位的机会。在图 7－1 中表现为 2011 年工业劳动力升级水平的小幅下降。第四，中国工业行业仍存在着产能过剩的现象。随着工业的不断升级，许多效率低下、产能落后的工业企业会被淘汰，而继续生存下来的工业企业会把提高自身生产效率和经济效益作为优先任务，这必然伴随着资本升级的波动。第五，中国外贸自改革开放后发展迅猛，但 2008 年金融危机后，全球经济格局发生了调整，中国工业部门的对外贸易发展进入了增速换挡期，工业外贸升级进程明显减缓，这也符合中国高质量发展的新阶段特征。

因此，中国首先要重视适应性技术的引进，推动国内自主创新，以确保工业升级的核心动力。其次，未来中国工业仍需要依靠资本、劳动力等初级生产要素，但更重要的是合理利用和发展人力资本、数据等高级生产要素。也就是说，中国既要继续发展劳动密集型行业，以缓解因人口众多而带来的就业压力；同时还要继续发展知识与技术密集型产业，提高产品附加值。最后，可以通过推进贸易便利化、加强国际经济合作、发展外贸新业态等措施，促进中国工业外贸升级。

从三大工业行业层面分析，2005—2019 年中国三大工业行业工业升级指数的变化趋势如图 7－2 所示。可以看出，2005—2019 年三大工业行业的工业升级指数呈现不同的变化趋势。其中，采矿业的工业升级指数总体呈下降趋势，由 2005 年的 0.7449 下降为 2019 年的 0.6463。制造业的工业升级指数总体呈现上升趋势，由 2005 年的 0.8006 上升为 2019 年的 1.4141。电热燃气及水的生产供应业的工业升级指数总体也呈上升趋势，由 2005 年的 0.4187 上升为 2019 年的 0.7191，虽然增速较快，但该行业的整体发展水平仍然不高，仍有较大的提升空间。

第一，采矿业是支撑国家经济建设的基础性资源产业，正经历深层次调整阶段，具体表现在矿产品需求增速明显减缓，生产规模普遍下降，行业利润和投资增长率逐年降低，采矿业企业经营不善，资金周转困难。当前阶段，采矿业仍存在许多难题有待解决，其工业升级指数的下降也就不难理解。第二，制造业包含的行业很多，其中不乏许多高新技术企业，拥有众多当代基础科研成果和大量高素质人才，其发展对工业升级具有强大的推动力。因此，制造业是工业升级的主力军，其工业升级指数的增长就代表了工业部门中大部分细分行业的升级。第三，电热燃气及水的生产供应业是中国在基础建设领域中得到重点支持的基础性行业，该行业不仅为工业部门提供能源与动力，而且为其他各行各业提供能源与电力，为整个产业升级提供支撑。因此，制造业是促进中国工业升级的核心部门，也是推动国民经济和现代化发展的关键行业。而采矿业已经成为制约中国工业升级的突出短板，电热燃气及水的生产供应业是构筑未来发展战略优势的重要支柱，仍需进一步提高工业升级水平。

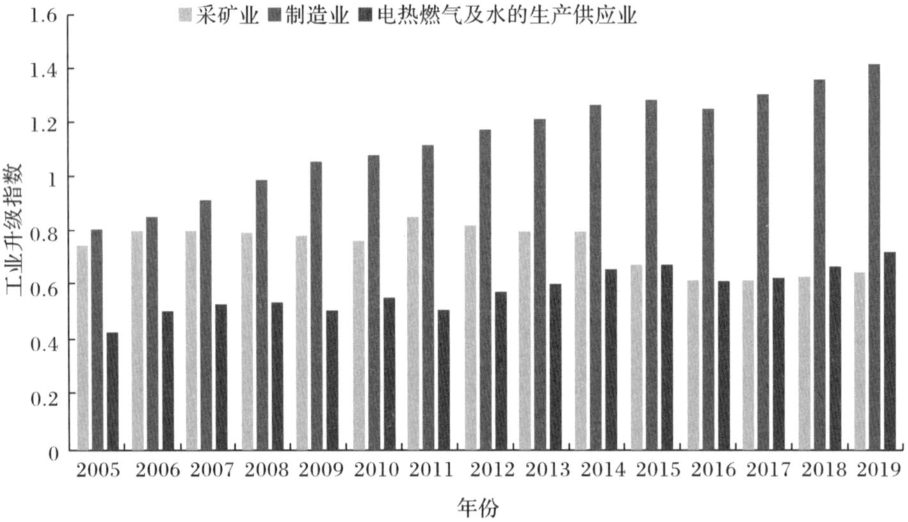

图 7-2　三大行业的工业升级指数时间变化趋势图

从细分行业层面分析，由于研究时间跨度较长，因此选择以 7 年为间隔，分别展示 2005 年、2012 年以及 2019 年工业二级细分行业的工业升级指数，并根据测度数据大小对工业升级指数进行排序，如图 7-3、图 7-4及图 7-5 所示。

由图 7-3 可以看出，2005 年中国所有二级细分工业行业的工业升级指数均低于 1.5，其中 76％的行业工业升级指数低于 1，而 57％的行业工业升级指数低于 0.7。工业升级指数排在前五位的行业分别为计算机通信、石油开采、纺织业、电气机械、通用设备。排在后五位的行业分别为化纤制造、水的生产供应、其他工业、石油加工、燃气生产供应。这说明2005年中国的工业升级整体水平不高，整个工业部门的升级效果处于极低水平（均值仅为0.752）。此外，二级细分工业行业间的工业升级指数存在一定差异，工业升级指数亟待提高。

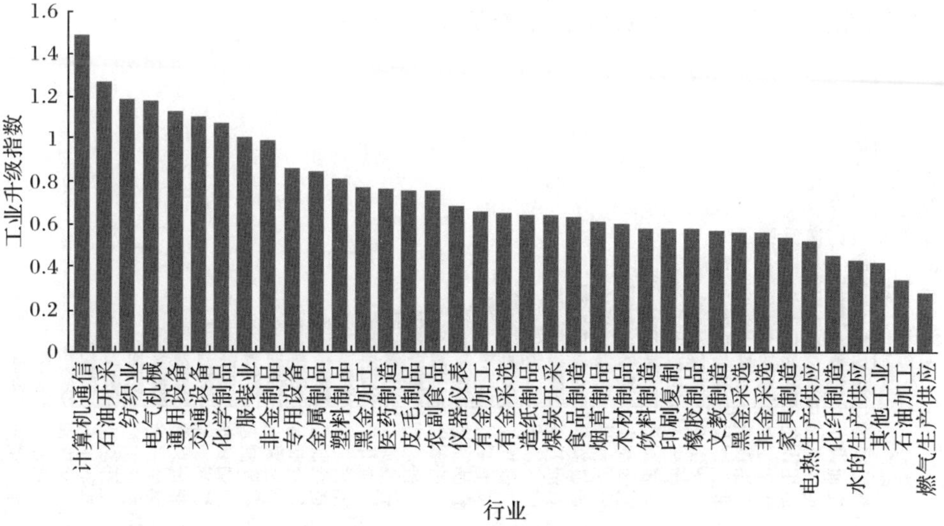

图7-3　2005年工业升级指数排序

具体来说，第一，2005年中国计算机通信、电气机械及通用设备行业的工业升级指数相对较高。这是由于中国装备制造业经过多年的发展已初具规模，但总体发展水平不高，仍处于需要进一步加快发展的关键时期。第二，2005年石油开采业的工业升级指数排名第二。主要原因是在重化工产业的主导作用下，中国工业经济增长对能源的依赖性很强，特别是对石油的依赖性极强。在2005年国际油价持续上升的基础上，中国石油开采业取得了丰厚回报，经济效益远远高于其他工业行业，总体保持较快的增长态势。第三，2005年纺织业的工业升级指数排名第三。主要原因在于“十五”期间，以技术进步为突出特点的固定资产投资，显著提高了该行业的国际竞争力。纺织业抓住了国际贸易配额取消的机遇，实现了纺织业的大额出口。

由图7-4可以看出，2012年中国所有二级细分工业行业的工业升级指数均低于2.7，57%的行业工业升级指数低于1，16%的行业工业升级指数低于0.7。工业升级指数排在前五位的行业分别为计算机通信、交通设备、电气机械、通用设备、化学制品，排在后五位的行业分别为化纤制造、其他工业、水的生产供应、石油加工、燃气生产供应。与2005年相比，中国2012年的工业升级水平大幅提升(均值为1.0636)，表明中国工业升级相关政策的实施取得了显著成效。

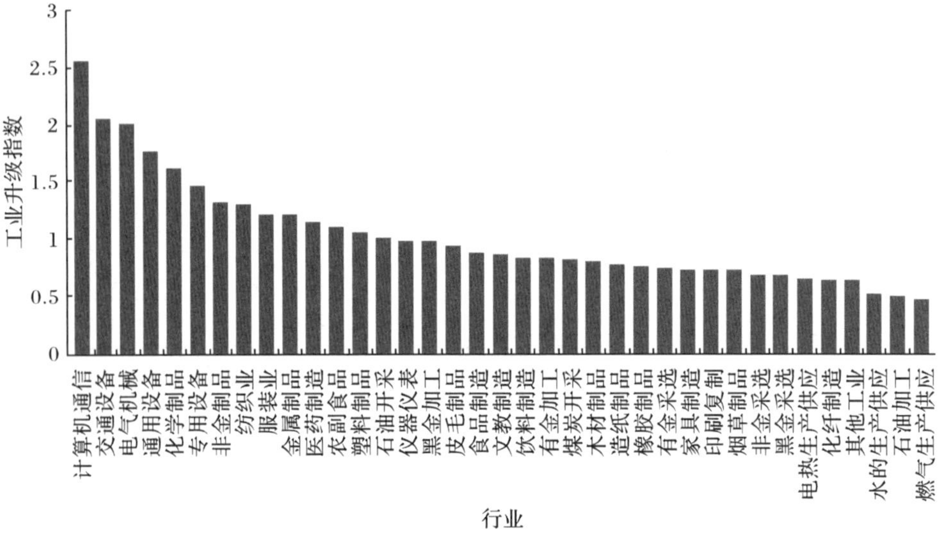

图7-4　2012年工业升级指数排序

工业升级指数排在前五位的行业主要集中在装备制造业领域，这是由于中国加入WTO后，中国经济逐步融入国际经济，也逐步享受到WTO的优惠政策，中国装备制造业产品大量出口到海外市场，贸易顺差持续增加，装备制造业的产业体系日趋完善，特别是在2009—2010年，中国装备制造业产值世界排名第一，成为国家综合国力的重要体现。然而，行业间工业升级水平差距逐渐拉大，行业内工业企业发展水平参差不齐，中国工业升级水平仍有进一步提升的空间。

由图7-5可以看出，2019年中国所有二级细分工业行业的工业升级指数均低于3.5，51%的行业工业升级指数低于1，14%的行业工业升级指数低于0.7。工业升级指数排在前五位的行业分别为计算机通信、交通设备、电气机械、通用设备、专用设备，排在后五位的行业分别为燃气生产供应、水的生产供应、有金采选、黑金采选、石油开采。与2012年相比，2019 年中国的工业升级水平提升幅度不大(均值为 1.238)，这是因为中国已经开始重视环境因素的影响，不再一味地追求工业增加值的提高，将环境因素纳入工业升级成为中国工业发展的重点方向。

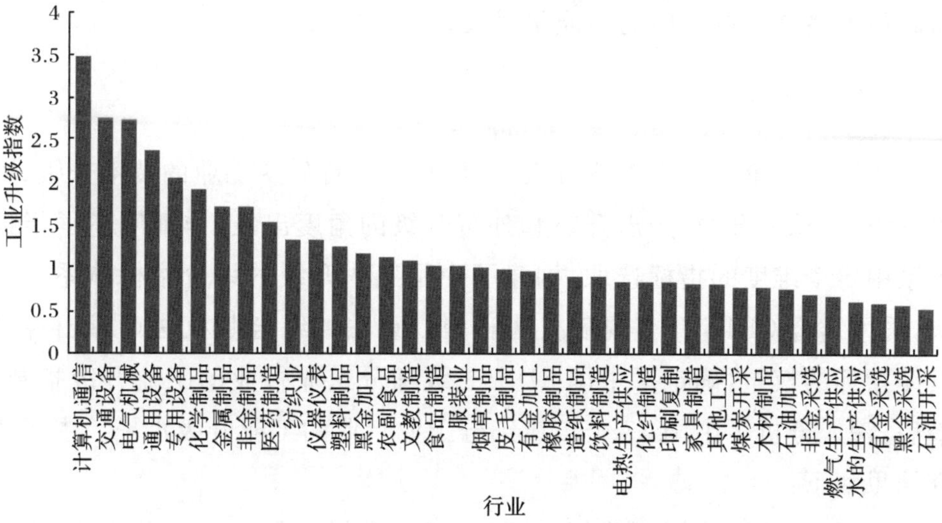

图 7－5　2019 年工业升级指数排序

从加快工业升级政策的角度来看，如果不考虑其他现实因素，可以初步判定哪些二级细分工业行业应该成为加快工业升级的“重点”行业。也就是说，该行业的工业升级指数越小，改善的空间就越大，说明该行业对工业经济发展的制约就越大，对经济的影响也就更加明显。因此，应该首先重点针对工业升级指数小于 1 的这 19 个行业，制定相关专项规划、细化执行程序、加大特定产业扶持力度、配套专项政策，重点突破制约传统工业升级及新兴工业发展的主要节点与关键领域。只有这样，才能补齐工业发展的短板弱项，助力工业升级与高质量发展。

具体来看：首先，这 19 个需要加快工业升级的“重点”行业中，涵盖了采矿业和电热燃气及水的生产供应业的所有二级细分工业行业。这与前文对三大工业行业的分析结果一致，采矿业和电热燃气及水的生产供应业的工业升级水平相对较低，是中国应重点关注的领域。其次，这 19 个需要加快工业升级的“重点”行业中，包含了制造业中的 14 个行业。这些行业基本都不属于装备制造业，说明中国装备制造业的整体工业升级水平相对较高，其他二级细分行业与其存在较大差距。也就是说，制造业内部各二级细分行业的发展水平参差不齐，我们不仅要关注单个二级细分行业的发展，同时也需要关注行业间的差异，以避免因某个行业存在短板而制约了整个工业部门的高质量发展。

7.4 本章小结

本章基于第 2 章对工业升级内涵的界定，首先从工业的技术升级、资本升级、劳动力升级、产出升级和外贸升级的角度出发，详细阐述了指标体系中每个维度的指标选取，构建了中国工业升级的评价指标体系。其次，采用结合 CRITIC 客观赋权法和等权重法的综合赋权法计算出各个具体指标的权重，确定了中国 37 个二级细分工业行业的工业升级指数。最后，深入分析了中国 37 个二级细分工业行业的工业升级水平。主要研究结果如下：

(1)从工业整体层面分析，中国的工业升级指数呈现上升趋势，表现出高速增长—缓慢增长—稳定增长的发展态势。其中，工业技术升级指数的增速最快，工业外贸升级指数的增速最慢。

(2)从三大工业行业层面分析，行业间工业升级指数的差距较大。采矿业的工业升级指数总体呈现下降趋势，制造业和电热燃气及水的生产供应业的工业升级指数总体呈现上升趋势。制造业是推动中国工业升级的主力部门，而采矿业已成为制约中国工业升级的突出短板，电热燃气及水的生产供应业的工业升级水平仍有较大的提升空间。

(3)从细分工业行业层面分析，行业内的发展层次参差不齐。装备制造业的细分行业的工业升级指数普遍高于其他细分工业行业。工业升级指数小于 1 的 19 个二级细分工业行业是应该加快工业升级的“重点”行业，其中涵盖了采矿业和电热燃气及水的生产供应业的所有二级细分行业。

第 8 章

中国工业生态效率的测度与分析

本章将从工业生态效率的内涵出发，依据其核心思想与测算的基本思路，采用 Super-NSBM 模型及全局参比法对 2005—2019 年中国工业部门的 37 个二级细分行业的工业生态效率进行测度，进一步对工业生态效率的行业变动趋势及特征差异等进行系统研究，为实证分析和政策制定提供基础。

8.1 中国工业生态效率评价指标体系的构建

8.1.1 指标选取原则

与第 7 章类似，本章构建工业生态效率评价指标体系也有三个目的：第一，测度工业部门二级细分行业的工业生态化发展水平，了解不同细分行业在考虑环境因素下的实际发展状况。第二，测度出的工业部门二级细分行业的工业生态效率数据将作为实证研究的基础数据。第三，根据测算结果，提出相应政策建议，推动工业生态化发展，助力高质量发展。因此，中国工业生态效率评价指标体系的指标选取也应该遵循科学性、主导性、动态性以及数据可获得性等基本原则。

8.1.2 指标的选取与解释

工业生态效率的核心思想与运用数据包络分析法的要求完全一致。

因此，在指标选取时参考了相关研究成果，如付丽娜等(2013)、张子龙等(2015)、许学国等(2019)，并遵循指标选取的基本原则，选取了投入产出方面的相关指标(见表8-1)。

表8-1 工业生态效率测度指标体系

指标类型	指标类别	具体指标
投入	劳动力投入	工业从业人数
	能源投入	工业能源消费量
	资本投入	工业资本存量
非期望产出	废水排放	化学需氧量
		氨氮排放量
	废气排放	二氧化碳排放量
		二氧化硫排放量
	固体废弃物排放	固体废物产生量
期望产出	工业发展水平	工业增加值

1. **投入**

一般认为，测算工业生态效率的投入指标会涉及资本和劳动力两个维度。除此之外，随着工业的发展，能源要素在工业生产活动中发挥了重要作用，已成为工业生产活动中不可或缺的一部分。因此，结合实际数据的可获得性，选取资本、劳动力和能源消费作为投入指标，以确保测算结果更加准确。

2. **非期望产出**

工业生产活动对生态环境的影响主要体现在污染物的排放上，工业废水、废气和固体废弃物是最主要的污染物，可以作为测算工业生态效率的非期望产出。其中，工业废水排放中的污染物排放量可以反映工业发展对水环境的污染程度。工业废气排放中的二氧化碳和二氧化硫是主要污染物，可以反映工业发展对空气质量的影响。工业固体废弃物产生量是反映工业发展中废渣污染程度的指标。

3. **期望产出**

工业增加值是体现某一时期内工业经济发展水平的一个较为可靠、准确的指标。其值越高，说明工业生产活动提供给市场的总价值就越高，对 GDP 的贡献也就越大。因此，将分行业工业增加值作为测算工业生态效率的期望产出指标。

8.1.3　数据来源及描述性统计

本章数据均来源于《中国环境统计年鉴》《中国能源统计年鉴》《中国工业统计年鉴》、CEIC 数据库及 CSMAR 数据库。

表 8－2 展示了中国 2005—2019 年工业部门 37 个二级细分行业工业生态效率的投入产出指标的描述性统计情况。

表 8－2　中国工业生态效率的投入产出描述性统计

统计量	均值	中位数	最大值	最小值	标准差	偏度系数	峰度系数
工业从业人数	352.95	245.99	1222.21	17.00	287.96	1.04	3.18
工业能源消费量	72.77	19.86	692.96	1.41	132.66	2.82	10.79
工业资本存量	3393.75	1781.56	43012.34	88.00	4961.23	4.44	28.53
工业增加值	2989.08	1573.51	35309.23	34.25	4199.22	3.85	23.65
化学需氧量	771.20	167.53	15965.91	4.08	1768.96	5.18	37.02
氨氮排放量	56.66	10.91	2200.35	0.36	167.83	7.60	75.97
二氧化碳排放量	18845.98	1410.07	376183.00	66.12	56833.08	4.30	22.04
二氧化硫排放量	3881.17	304.00	120000.00	1.65	13498.34	6.35	47.06
固体废物产生量	7561.68	500.00	77307.30	3.00	15865.76	2.44	8.12

由表 8－2 可以看出，二氧化碳排放量、二氧化硫排放量以及固体废物产生量的中位数与均值之比最小，说明这三者在各行业历年的分布差异性较大，不仅在最大值和最小值方面差异显著，同时存在两端分布较厚的情况。在三项投入指标中，工业资本存量的右偏态和尖峰特征相较于工业能源消费量和工业从业人数而言更加明显，资本的离散程度最高，体

现在其较大的标准差。二氧化硫排放量的右偏态和尖峰特征以及离散性均明显高于工业增加值。

8.2 中国工业生态效率评价指标体系的测度

8.2.1 含非期望产出的超效率 SBM 模型

测度工业生态效率的主流方法是随机前沿分析(SFA)与数据包络分析(DEA)。随机前沿分析无法解决多投入产出的问题,需要事先设定生产函数,在实际应用中受到较大限制。而 DEA 不需预先设定函数,能够避免由于模型和变量选取而带来的主观因素影响,因而被学者们广泛采用。

工业生态效率的核心思想与 DEA 模型的基本思路非常吻合。传统 DEA 模型解决了多产出多投入的问题,但未考虑其松弛问题,可能产生偏差。该模型将污染类产出视作投入,与实际生产情况不符,并未解决非期望产出的问题。鉴于此,刀根薰(Kaoru Tone)于 2001 年提出了考虑松弛变量非径向非角度的 SBM 模型,解决了传统径向模型的测算偏差问题。但学者们在利用 SBM 模型测算时发现,可能存在多个决策单元处于有效状态(均为 1)的情况,故而不能对其进行对比和排序。进一步,刀根薰建立了考虑修正松弛变量的超效率 SBM 模型,解决了多个有效决策单元效率值的可比性问题。然而,非期望产出可能会使该模型假定下的生产可能集无法体现实际的生产技术水平。于是,刀根薰在 2004 年提出了含非期望产出的超效率 SBM 模型(Super-NSBM),解决了非期望产出的问题。

此外,传统 DEA 模型测度的是相对效率,不同考察期所测度效率值的前沿面会存在差异,这会导致无法直接比较不同考察期的效率水平。于是,Pastor 等(2005)提出了全局参比法,将各期数据作为参考集,由此解决了跨期可比较的问题。

最终,本章采用结合全局参比法的 Super-NSBM 模型来测算工业生态效率。具体形式如下:

$$\rho = \min_{\lambda,\bar{x},\bar{y}^g,\bar{y}^b} \frac{\sum_{i=1}^{m} \frac{\bar{x}_i}{x_{i_0}}}{\frac{1}{s_1+s_2}\left(\sum_{r=1}^{s_1} \frac{\bar{y}_r^g}{y_{r_0}^g} + \sum_{k=1}^{s_2} \frac{\bar{y}_k^b}{y_{k_0}^b}\right)}$$

$$\text{s. t.}\begin{cases} x \geqslant \sum_{j=1,j\neq 0}^{L} x_j\boldsymbol{\lambda}_j \\ \bar{y}^g \leqslant \sum_{j=1,j\neq 0}^{L} y_j^g\boldsymbol{\lambda}_j \\ \bar{y}^b \geqslant \sum_{j=1,j\neq 0}^{L} y_j^b\boldsymbol{\lambda}_j \\ \bar{x} \geqslant x_0, 0 \leqslant \bar{y}^g \leqslant y_0^g, \bar{y}^b \geqslant y_0^b, \boldsymbol{\lambda}_j \geqslant 0, \bar{y}^b \geqslant 0, L \leqslant e\boldsymbol{\lambda} \leqslant \mu \\ \bar{x}_i = x_{i_0} + s^-(i=1,\cdots,m) \\ \bar{y}_r^g = y_{r_0}^g - s^g(r=1,\cdots,s_1) \\ \bar{y}_r^b = y_{k_0}^b - s^b(r=1,\cdots,s_2) \end{cases}$$

式中，ρ 为 Super-NSBM 模型的超效率值；x、y^g、y^b 为投入、期望产出和非期望产出变量；$\bar{x}$、$\bar{y}_r^g$、$\bar{y}_k^b$ 为其投影值；x_{i_0}、$y_{r_0}^g$、$y_{k_0}^b$ 为对应的原始值；m 为投入个数；$\boldsymbol{\lambda}_j$ 为权重向量；s_1、s_2 为期望与非期望产出的指标数；s^- 为投入指标的松弛变量；s^g 和 s^b 分别为期望产出和非期望产出的松弛变量；e 为中间产出。

当 $\rho \geqslant 1$ 时，该决策单元为相对有效状态；反之，当 $\rho < 1$ 时，为相对无效状态。

8.2.2　数据的处理及估算

本节简单介绍 2005—2019 年中国工业部门 37 个二级细分行业的增加值、资本存量以及二氧化碳的数据处理及估算方法。

1. 增加值的估算及平减

分行业增加值是工业生态效率测算模型中的期望产出，应在消除价格变动因素的影响后再进行后续计算。参考陈诗一(2011)的相关研究，本章采用生产者出厂价格指数对其进行平减。

2. 资本投入的估算及平减

分行业资本存量[①]是工业生态效率测算模型中的投入变量。大多数学者(王维 等,2017)都使用 Goldsmith(1951)的永续盘存法(PIM)对其进行估算。其公式为

$$K_t = K_{t-1} + I_t - \delta_t K_{t-1}$$

式中,K_t为 t 期资本存量;I_t为 t 期投资额;δ_t为 t 期资本折旧率。

1)估算分行业折旧率 δ

$$\mathrm{ADD}_t = \mathrm{FA}_t - F_t$$

$$\mathrm{TD}_t = \mathrm{ADD}_t - \mathrm{ADD}_{t-1}$$

$$\delta_t = \frac{\mathrm{TD}_t}{\mathrm{FA}_{t-1}}$$

式中,ADD_t为累计折旧;FA_t为固定资产原值;F_t为固定资产净值;TD_t为本年折旧;δ_t为折旧率。

2)估算第 t 期每年新增投资额 NI_t和可比价投资额I_t

$$\mathrm{NI}_t = \mathrm{FA}_t - \mathrm{FA}_{t-1}$$

$$I_t = \frac{\mathrm{NI}_t}{\mathrm{FPI}_{t-1}}$$

式中,NI_t为新增投资额;I_t为可比价投资额;FPI_{t-1}为固定资产投资价格指数。

3. 二氧化碳排放量估算

分行业二氧化碳排放量是工业生态效率测算模型中的非期望产出。根据《2006 年 IPCC 国家温室气体清单指南》可进行估算,公式如下:

$$\mathrm{EF}_i = \mathrm{NCV}_i \times \mathrm{CC}_i \times \mathrm{OF}_i \times \frac{44}{12}$$

$$C = \sum_{i=1}^{8} C_i = \sum_{i=1}^{8} (\mathrm{AD}_i \times \mathrm{EF}_i)$$

式中,EF_i为二氧化碳排放系数;NCV_i为平均低位发热量;CC_i为单位热

① 这里指物质资本存量。

值含碳量；OF_i 为碳氧化率；C 代表二氧化碳排放量；AD_i 为化石燃料消耗量。

8.3　中国工业生态效率分析

基于上述处理后数据，利用 MATLAB 可以估算出 2005—2019 年中国工业 37 个二级细分行业的工业生态效率值。本节将从中国工业整体层面、三大工业行业层面和细分工业行业层面出发，分析工业生态效率的特征及其变化趋势。

从工业整体层面分析，2005—2019 年中国工业生态效率的变化趋势如图 8－1 所示。可以发现，2005—2019 年工业生态效率呈现上升趋势，并在 2018 年达到观测期内最大值。具体来说，观测期初（2005 年）工业行业的工业生态效率为 0.0852，特殊点（2018 年）的工业生态效率为 0.3331，观测期末（2019 年）的工业生态效率为 0.3257，较 2018 年略有下降。

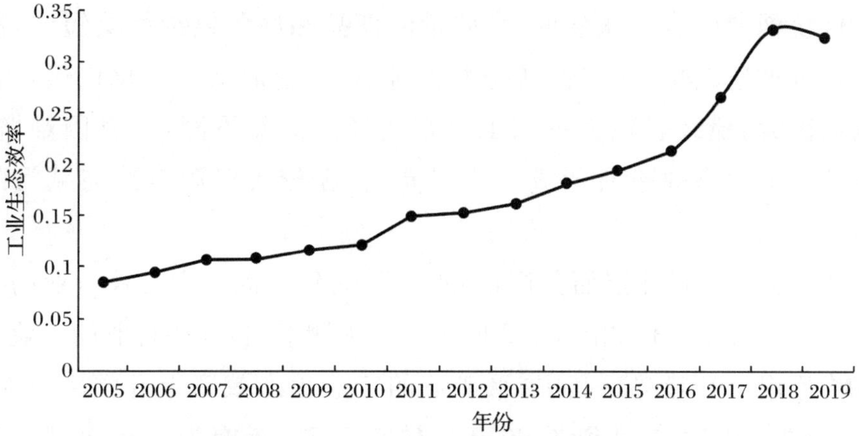

图 8－1　2005—2019 年工业生态效率变化趋势

分时间段来看，2005—2010 年，中国工业生态效率由 0.0852 上升到 0.1225，增幅达到 43.78%。中国政府在国内采取多项措施积极应对国际金融危机，优化社会经济结构，推动变革经济发展模式，促进经济持续稳步增长，使得这一阶段的工业经济有所回升，并在原有发展势头上更进一步，整体运行质量有了显著提高。2010—2015 年，中国工业生态效率由 0.1225 上升到 0.1945，增幅达到 58.78%。在这一阶段，推动中国工业经济增长的内在驱动要素已发生质的转变，主要体现在需求、供给和产业结构三个方面。一是从过去仅由物质资本投资拉动需求，变为投资、消费及出口共同作用。二是从过去依赖投入数量的增加转向全要素生产率的增长。三是越来越多的传统企业正在转型为高技术企业，高技术产业已成为中国发展的重心。2015—2019 年，中国工业生态效率由 0.1945 上升到 0.3257，增幅达到 67.46%。“十三五”期间，中国工业的研发创新能力显著提升，工业体系日趋完善，总体保持平稳中高速增长和质量持续提升的发展态势。与此同时，2019 年全球环境和国内经济形势都发生了深刻且复杂的变化，中国工业经济发展面临诸多困难与风险挑战。从国际角度分析，当前国际经济仍然处于金融危机后的调整阶段，国际动荡源与风险点明显增加，主要经济体的经济增长速度普遍下降，中国工业发展所面临的外部环境整体形势趋紧。从国内角度分析，中国正处在优化增长动力的重要阶段。传统消费已步入瓶颈期，高质量的商品和服务供给严重短缺，制造业的投资增速较低，科技创新能力相对不足，新旧动能转化仍然存在诸多制约因素，最终表现为中国工业企业经济效益下降，经营困难增多，中国的工业生态效率有待进一步提高，存在较大资源节约与减污降碳潜力。

从三大工业行业层面分析，2005—2019 年中国三大工业行业的工业生态效率的对比变化如图 8-2 所示。在观测期内，这些行业的工业生态效率均呈现上升趋势。其中，采矿业的工业生态效率上升幅度最大，由 2005 年的 0.0254 上升到了 2019 年的 0.1133，增幅为 346.06%。制造业的工业生态效率上升幅度次之，由 2005 年的 0.1050 上升到了 2019 年的 0.3994，增幅为 280.38%，且于 2018 年达到最高值(0.4178)。电热燃气及水的生产供应业上升幅度最小，由 2005 年的 0.0191 上升到了 2019 年的 0.0634，增幅为 231.94%。三大工业行业每年的工业生态效率大小排名都保持一致，表现为制造业＞采矿业＞电热燃气及水的生产供应业。

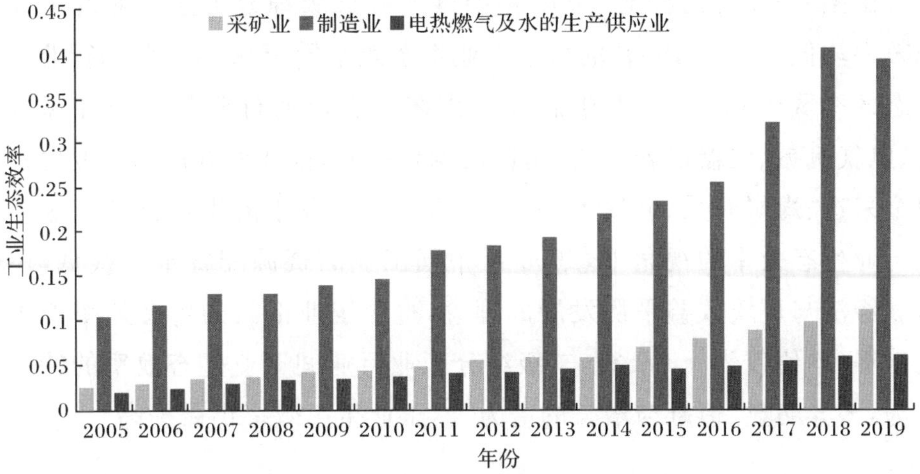

图 8－2　三大行业工业生态效率变化对比

究其原因，一是采矿业和电热燃气及水的生产供应业所包含行业相对较少，而制造业包含众多行业，其中不乏许多高新技术企业，这些企业不仅生产效率高、经济效益好，而且更倾向于向绿色节能化发展，所以制造业的工业生态效率明显较高。二是采矿业属于高污染和高度依赖自然资源的行业，采矿活动会对矿山周围的生态环境造成巨大污染和破坏；电热燃气及水的生产供应业属于高度依赖煤炭的高能耗行业，对资源的消耗大、碳排放多。也就是说，这两类行业当前的发展模式仍旧不能适应生态环境保护和工业经济增长的协调发展需求。因此，采矿业和电热燃气及水的生产供应业较低的工业生态效率制约了中国整体工业生态效率的提升。中国应大力推进这两类行业的转型升级，改变传统行业高能耗、高污染的现状，补齐短板，通过工业升级实现资源配置效应、技术高级化效应、溢出效应及专业化分工效应，促进工业生态效率的提升。

从细分行业层面分析，由于研究时间跨度较长，所以选择间隔 7 年，分别展示 2005 年、2012 年以及 2019 年工业二级细分行业的工业生态效率，并根据规模对工业生态效率进行排序，结果如图 8－3、图 8－4 及图 8－5所示。

由图 8－3 可以看出，2005 年中国所有二级细分工业行业的工业生态效率均低于 0.45，95％的行业工业生态效率低于 0.2，73％的行业工业生态效率低于 0.1。工业生态效率排在前五位的行业分别为计算机通信、电气机械、仪器仪表、文教制造及烟草制品，排在后五位的行业分别为黑金采选、煤炭开采、燃气生产供应、石油开采及水的生产供应。这说明在工业生态效率的视角下，2005 年中国工业的资源配置水平很低，还未树立经济与环境效益平衡发展的理念，整个工业部门的生态效率处于极低水平（均值仅为 0.0852），二级细分工业行业间工业生态效率的特点体现为：差异明显，追赶与增长的潜力大，工业生态效率仍需提高。

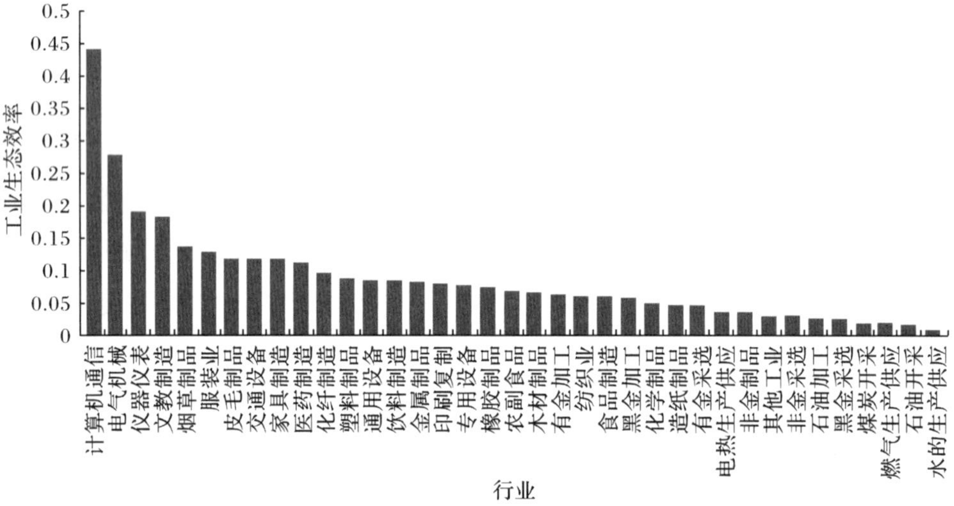

图 8－3　2005 年工业生态效率排序

究其原因，这主要是中国在 2005 年之前总体还处于重化工业主导阶段，虽然重化工业的迅速发展为中国工业经济的快速发展提供了强力支撑，但重化工业投资需求大、资本构成比重较高、能源消耗大，给生态环境带来了诸多挑战。中国要实现新型工业化，就必须进一步推动工业化与信息化的深度一体化发展，使二者之间的联系更加紧密，从而推动工业部门的转型升级。我们既要兼顾科技、环境、经济、人力资源四大优势，营造新的工业发展模式，又要进一步推动中国工业从资本密集的重化工业主导的发展模式逐步转向以技术密集为主导的高技术产业的工业发展模式，使中国工业逐渐走上以高技术、信息化、绿色化为导向的发展之路。

由图 8－4 可以看出，2012 年中国所有二级细分工业行业的工业生态效率均低于 0.6，较 2005 年有所上升，其中 78％的行业工业生态效率低于 0.2，41％的行业工业生态效率低于 0.1。工业生态效率排在前五位的行业分别为计算机通信、仪器仪表、电气机械、烟草制品及交通设备，排在后五位的行业分别为黑金采选、煤炭开采、石油加工、石油开采及水的生产供应。相较 2005 年，中国的工业整体生态效率有了大幅提升(均值为 0.1537)。工业生态效率排在前五位的行业大多属于装备制造业，与工业升级的情况保持一致。而排在后五位的行业基本上仍然是与资源开发、能源利用高度相关的工业行业，行业间工业生态效率差距逐渐拉大，行业内工业企业的发展水平参差不齐，中国工业部门的工业生态效率仍有进一步提高的空间。

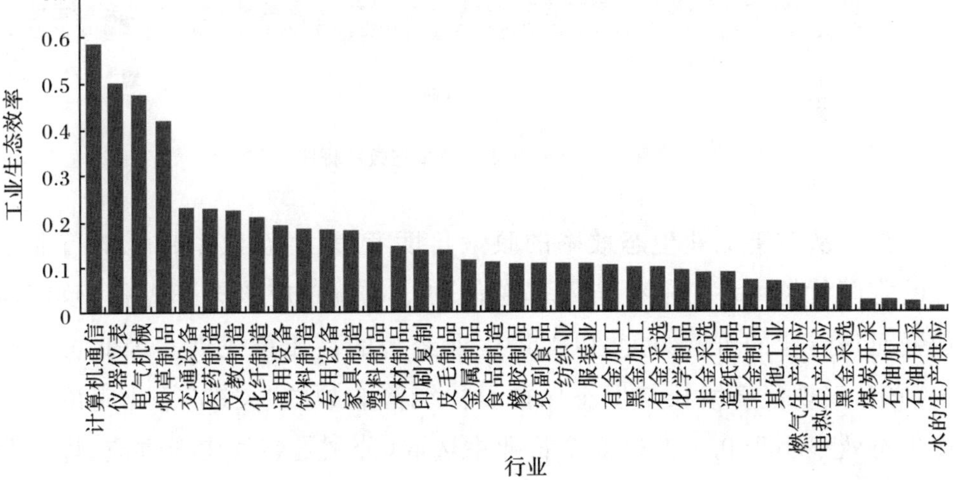

图 8－4　2012 年工业生态效率排序

由图 8－5 可以看出，2019 年中国计算机通信、通用设备、仪器仪表、烟草制品、专用设备以及化纤制造的工业生态效率已达到相对有效的状态(分别为 1.0271、1.0251、1.0190、1.0138、1.0022 和 1.0007)，在所有二级细分工业行业中 67％的行业工业生态效率低于 0.2，16％的行业工业生态效率低于 0.1。除了这 6 个相对有效的行业外，工业生态效率排在前五位的行业分别为电气机械、非金制品、医药制造、饮料制造以及家具制造，排在后五位的行业分别为煤炭开采、电热生产供应、石油加工、石油开采以及水的生产供应。相较于 2015 年，中国的工业整体生态效率显著提升（均值为 0.3257），已有不少行业的工业生态效率达到了相对有效的状态，说明这些行业在经济效益和生态保护方面做得相对较好。

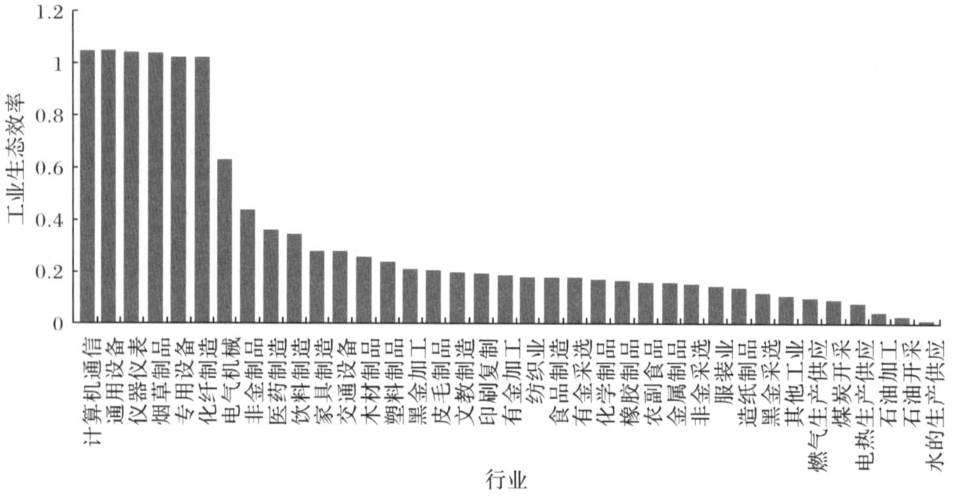

图 8-5　2019 年工业生态效率排序

如果从改善工业生态效率的政策角度考虑，生态效率越低的行业改善的空间就越大。工业生态效率越低的行业就越应该补齐短板，政府应加强对该行业的监管力度，以促进工业经济的高质量发展。因此可以初步判定，实现经济增长与生态保护目标统筹兼顾的"关键"行业应该从工业生态效率小于 0.1 的这 6 个行业中选取（分别是燃气生产供应、煤炭开采、电热生产供应、石油加工、石油开采以及水的生产供应），越是排名靠后的行业，工业生态效率越低，越应该加强监管。

图 8-6 展示了中国工业部门 37 个二级细分行业在 2005 年和 2019 年的工业生态效率对比。可以发现，全部行业在 2019 年的工业生态效率都高于 2005 年。在这 37 个二级细分行业中，有 4 个行业（化纤制造、非金制品、通用设备及专用设备）2019 年的工业生态效率是其 2005 年工业

生态效率的 10 倍以上。也就是说，不同行业的工业生态效率存在随时间变化的趋势，行业间存在较大差距。

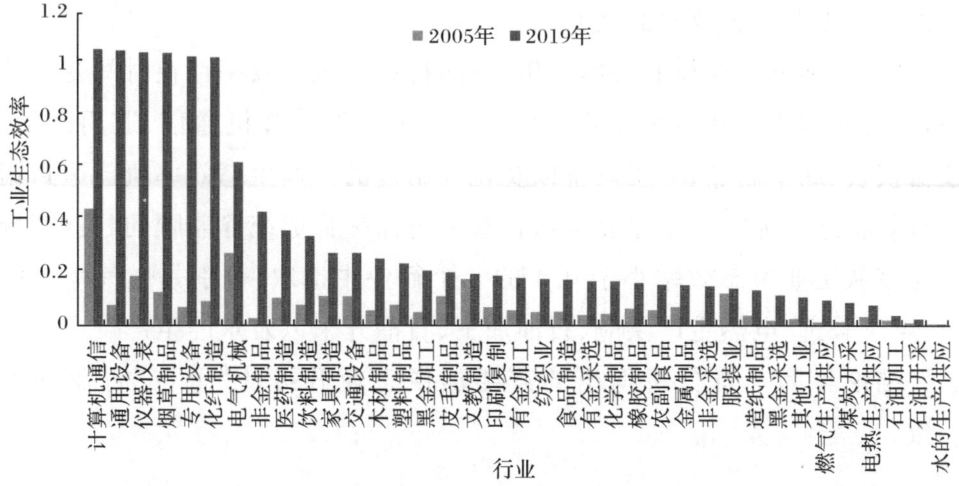

图 8－6　2005 年与 2019 年工业二级细分行业的工业生态效率

8.4　本章小结

本章首先从工业生态效率的内涵出发，介绍了指标的选取和 Super-NSBM 模型；其次，对相关数据进行了处理及估算，测度了中国 2005—2019 年 37 个工业行业的工业生态效率；最后，系统分析了中国工业部门 37 个细分行业的工业生态效率的演变特征与变动趋势。主要研究结果如下：

(1)从工业整体层面分析，2005—2019 年中国工业生态效率总体呈持续上升的趋势，工业经济总体运行质量有了显著提高，但近年来国际环境与国内经济条件都发生了较大变化，工业经济的发展面临诸多困难与风险挑战，中国的工业生态效率有待进一步提高，存在较大的资源节约与减污降碳潜力。

(2)从三大工业行业层面分析，三大工业行业的生态效率均呈现上升趋势。其中，采矿业的工业生态效率上升幅度最大，电热燃气及水的生产供应业上升幅度最小。三大工业行业每年的工业生态效率大小排名都保持一致，表现为制造业＞采矿业＞电热燃气及水的生产供应业。这表明目前采矿业与电热燃气及水的生产供应业的发展模式仍不能适应生态环境保护和工业经济增长的协调发展需求，其较低的工业生态效率制约了中国整体工业生态效率的提升。

(3)从细分工业行业层面分析，不同行业的生态效率存在时间变化趋势，且行业间仍存在较大差距。2019 年，中国的计算机通信、通用设备、仪器仪表、烟草制品、专用设备以及化纤制造的工业生态效率值已达到相对有效状态。为实现工业经济增长与生态保护目标统筹兼顾的“关键”行业应该从工业生态效率小于 0.1 的 6 个行业中选取(分别是燃气生产供应、煤炭采选、电热生产供应、石油加工、石油开采以及水的生产供应业)。这一结论与第 7 章分析得出的需要加快工业升级的“重点”行业基本一致。

第 9 章

高质量发展中工业升级对工业生态效率影响的实证研究

从第 7、8 章对工业升级指数和工业生态效率的分析中可以得出：不同行业的工业升级指数和工业生态效率都存在较大差异，即使是同一行业的工业升级指数和工业生态效率在不同年份也有所不同。因此，为了解释工业升级对工业生态效率的具体影响，就需要对其进行实证检验，从而为提高工业生态效率提供经验证据。

通过对现有研究成果的梳理，我们可以将影响工业生态效率的主要因素总结为行业因素、要素禀赋结构、规模因素、所有制结构、管制因素和技术因素六个方面，工业升级是影响工业生态效率的一个核心因素。因此，本章以第 8 章估算出的 2005—2019 年 36 个行业的工业生态效率值作为被解释变量①，以第 7 章测算出的工业升级指数作为核心解释变量，并选取了五个控制变量来研究其具体影响。

9.1 变量的选取与解释

假设工业生态效率与其解释变量间具有如下关系：

$$y = f(x, Z)$$

式中，y 为工业生态效率；$f(\cdot)$ 为被解释变量与解释变量关系的函数；x 为工业升级；Z 为控制变量。

---

① 虽然本书测度了 37 个二级细分工业行业的工业升级指数和工业生态效率，但在本章分行业的实证研究中，只选用 36 个行业，把“其他工业”行业排除在外。这是因为“其他工业”行业是由多个行业合并而成的，其数据可能会影响结果的准确性。

将工业升级指数作为核心解释变量的原因有两点主要考虑。第一，工业升级是平衡经济增长与生态环境保护的重要途径，可以与中国高质量发展相联系，具有一定的现实意义。第二，相关研究表明，产业结构升级对工业生态效率存在一定的影响，产业升级最终会表现为产业结构升级，其中就包含了工业升级，本章所测算的工业升级指数可以用来代表影响工业生态效率的行业因素。目前还缺少关于二级细分行业的工业升级对工业生态效率的影响研究，故本章的研究内容具有一定的理论价值。

较多的控制变量能够降低变量遗漏的风险，但也会使模型变得冗杂。因此，为保证计量模型准确简洁，经过综合考虑，从要素禀赋结构、规模因素、所有制结构、管制因素和技术因素五个维度出发，选取了五个控制变量：人均资本存量、企业规模、所有制结构、环境规制以及技术创新。以下将具体阐述每个控制变量的含义。

1. 要素禀赋结构

参考相关研究（王兵 等，2010），选取人均资本存量作为控制变量之一。人均资本存量主要反映了工业细分行业的要素禀赋结构，可以体现资本深化的程度，反映了工业化进程。人均资本存量越高，说明该细分工业行业正在向资本密集型转变。如果资本流向工业生态效率较高的行业，就会推动该行业的工业生态效率提升。究其原因，一是物质资本的流动逐渐提高了物质资本创造价值的效率；二是物质资本增加为工业经济发展提供了大量的资金支持，调整了工业部门资金的供给与需求结构。反之，如果资本流向工业生态效率较低的行业，则会降低其工业生态效率。可能的原因有两个：一是环境保护的资本投资占比很小。短期内环保投资很难为企业带来经济利益，甚至增加了企业成本，企业开展环保投资的意愿很低。二是可能会出现“过度工业化”或“过快资本深化”问题（周五七 等，2013）。大量高能耗、高污染的工业企业数量的增加可能导致行业的资源配置效率降低，从而制约了工业生态效率的提高。

2. **规模因素**

借鉴相关研究(查建平 等,2012),将企业规模作为控制变量之一,用总产值与企业数的比值来表示。一方面,工业企业规模的扩大,可以让企业通过集中使用机器设备、优化资源配置,实现规模收益递增,从而有利于工业生态效率的提高。同时,企业规模扩大也会带来经济利润的增加,可以鼓励企业将这些资金投入技术改进和设备更新等方面。改进优良技术和引入新型节能高效设备,可以提高资源有效利用率和循环率,降低对环境的污染,促进高能耗、高污染、高排放企业转型,推动工业企业发展更加绿色、低碳、高效,更加符合节能减排的要求。另一方面,企业规模的扩大也可能导致规模不经济现象。企业规模的扩大可能会带来内部管理成本增加,经营管理效率降低,外部协调成本增加,市场运作难度上升,最终导致单位产品成本的提高,规模收益递减;同时,还可能会带来资源和能源过度消耗以及排污量增加等问题,对工业生态效率产生负面影响。

3. **所有制结构**

借鉴相关研究(沈能,2012;许学国 等,2019),选取所有制结构作为控制变量之一,用规模以上工业企业中国有及国有控股企业数的占比表示。所有制结构的不同会造成工业企业激励机制的差异,进而对资源配置、生产效率等要素产生影响。一方面,国有企业往往是由国家直接管理控制的,必须承担非营利性工作,要为国家和地区的社会福利考虑,承担一定的环境保护责任。同时,国有企业一般会受到国家或政府的保护和扶持,不用担心因减污降碳而造成经济损失,减污降碳的动机更强,对工业生态效率产生积极影响。另一方面,由于预算软约束的存在或国有企业管理者未能进行有效监管,国有企业可能导致运营效率较低,经济效率不高。此外,某些国有企业与政府有着较为密切的关系,面对环境规制时可能会受到较轻处罚,存在环境规制的执行软约束,缺乏减少污染排放的有效激励机制(彭海珍,2004),可能对工业生态效率产生负面影响。故所有制结构也是影响工业生态效率的主要因素。

4. 管制因素

参考相关研究(王连芬 等,2017),选取环境规制作为控制变量之一,用废气治理设施数来表示。目前,中国环境规制的主要方式为行政强制措施,即约束污染物、二氧化碳、二氧化硫等的排放,以避免工业企业在从事生产活动的过程中只追求经济效益而缺乏保护生态环境的意识和自觉性。有效的环境规制手段对环境污染治理、企业减污降碳的监督起到十分重要的作用。从政府的视角来看,环境规制既是督促企业减污降碳的强制性措施,也是实现绿色发展的关键举措。但需要注意的是,强度过高的环境规制压力可能会造成环境治理成本不断上升,影响经济发展目标的实现,甚至可能陷入“逐底竞争”的风险。从企业的视角来看,适度的环境规制强度可以促使企业加快技术革新,改变企业发展方式;但同时也会增加企业的管理成本,如果环境规制的强度超过了企业的承受范围,企业就会面临倒闭或转移的风险(张仁杰 等,2020)。

5. 技术因素

借鉴相关研究(罗能生 等,2017),选取技术创新作为控制变量之一,用规模以上工业企业的有效发明专利数来表示工业企业内部的自我技术创新能力。技术水平决定了一个系统生产效率的高低,它同样也会影响包含非期望产出在内的工业生态效率。技术创新往往会带来新技术、新产品的发展与应用,有利于优化生产工艺,形成绿色生产方式。一方面,技术创新可以解决因传统生产工艺落后所造成的高消耗、重污染问题;另一方面,它又能为工业生产制造的终端环节提供更为先进的污染防治技术和治理设备,降低工业企业生产活动对生态环境的破坏。最终,技术创新通过改变人类的生产与生活方式实现可持续发展,以更小的生态代价创造更大的经济效益,有利于工业生态效率的提升。

9.2　数据来源及描述性统计

本章数据均来源于《中国工业统计年鉴》及《中国科技统计年鉴》。

被解释变量为第 8 章由 Super-NSBM 模型测算出的工业生态效率，核心解释变量为第 7 章由综合赋权法计算出的工业升级指数。相关变量的数据特征描述如表 9－1 所示。

表 9－1　描述性统计结果

变量名称	变量符号	样本数/个	均值	标准差	最小值	最大值
工业生态效率	IEE	540	0.1774	0.2042	0.0059	1.0589
工业升级指数	IU	540	1.0336	0.5064	0.2950	3.4823
人均资本存量	KL	540	1.4151	1.8452	0.0500	13.4498
企业规模	SCA	540	0.3832	0.6184	0.0101	5.2301
所有制结构	OS	540	5.5070	6.9597	0.1500	46.8200
环境规制	ER	540	0.6716	1.3376	0.0001	13.3429
技术创新	TEC	540	0.1137	0.3172	0.0002	3.4012

从表 9－1 可以看出，工业生态效率（IEE）的标准差较小，相对稳定，而所有制结构（OS）的标准差相对较大，波动较强。从极值间的差值角度来看，所有制结构（OS）、人均资本存量（KL）、环境规制（ER）的极差值较大，表明不同行业、不同年份之间的所有制结构、人均资本存量和环境规制的离散程度较大。

9.3　模型构建

借鉴王兵等（2010）、周五七等（2013）、戴志敏等（2016）和陈菁泉等（2022）的相关研究，选择 Tobit 模型来分析中国工业升级对工业生态效率的影响。托宾（Tobin）于 1985 年针对因变量存在部分连续或离散分布的情况提出了 Tobit 模型。该模型是一种因变量受限的回归模型，由两个部分组成：一是表示约束条件的选择方程模型，二是满足约束条件下的某连续变量方程模型。受约束的连续变量方程模型通常会因为忽略某些无法度量(通过模型计算得到的变量)的因素而产生样本选择性偏差。

因为工业生态效率始终大于0,数据具有截断性特点,如果采用普通最小二乘法回归,其结果可能会存在偏差且不一致,相比之下,Tobit 模型采用极大似然法来估计,能够较大限度避免因数据不完整而导致的估计偏差。建立 Tobit 模型如下:

$$Y_i^* = X'_i\beta + \varepsilon_i, \qquad i = 1, \cdots, n$$

当被解释变量存在限定值 α 时,就会有截断数据存在,表示为

$$Y = \begin{cases} \alpha, Y_i^* \leqslant \alpha \\ Y_i^*, Y_i^* > \alpha \end{cases}$$

若被解释变量的限定值为0,误差项服从 $N(0,\sigma^2)$ 分布,则表示为

$$Y_i = \begin{cases} 0, Y_i^* \leqslant 0 \\ Y_i^*, Y_i^* > 0 \end{cases}$$

结合本章研究,建立回归模型的表达式如下:

$$IEE_{it} = \beta_0 + \beta_1 IU_{it} + \beta_2 KL_{it} + \beta_3 SCA_{it} + \beta_4 OS_{it} + \beta_5 ER_{it} + \beta_6 TEC_{it} + \varepsilon_{it}$$

式中,IEE_{it}、IU_{it}、KL_{it}、SCA_{it}、OS_{it}、ER_{it}、TEC_{it} 分别代表行业 i 在第 t 年的工业生态效率、工业升级指数、人均资本存量、企业规模、所有制结构、环境规制程度和技术创新水平;β 为待定系数;ε_{it} 是随机误差项。

9.4 实证回归分析

9.4.1 基准回归分析

以工业部门的36个细分行业的工业生态效率(IEE)为被解释变量,以工业升级指数(IU)为核心解释变量,其他五个变量——人均资本存量(KL)、企业规模(SCA)、所有制结构(OS)、环境规制(ER)、技术创新(TEC)为控制变量,选择 Tobit 模型来分析中国工业升级对工业生态效率的影响。通过 Stata 软件,得到如表 9-2 所示的回归结果。

表 9-2　中国工业升级对工业生态效率影响的回归结果

变量	参数统计值	Z统计量
工业升级指数(IU)	0.1600*** (0.0299)	5.35
人均资本存量(KL)	0.0259*** (0.0060)	4.28
企业规模(SCA)	0.0749*** (0.0156)	4.79
所有制结构(OS)	−0.0110*** (0.0024)	−4.69
环境规制(ER)	0.0242*** (0.0088)	2.74
技术创新(TEC)	0.1703*** (0.0295)	5.77
截距项	−0.0282 (0.0377)	−0.75
log likelihood(对数似然值)=383.6912		prob>chi2=0.0000

注：*** 表示 $p<0.01$，** 表示 $p<0.05$，* 表示 $p<0.1$；括号中的数据为标准误。

由回归结果可知，IU、KL、SCA、OS、ER 和 TEC 均在 1%的水平上显著，而常数项在实际中无经济意义，因此并不会对回归结果产生影响。作为核心解释变量的工业升级指数(IU)对工业生态效率有正向作用。在控制变量中，所有制结构(OS)对各行业的工业生态效率有负向作用，其他四个控制变量——人均资本存量(KL)、企业规模(SCA)、环境规制(ER)、技术创新(TEC)都对工业生态效率有正向作用。由此可以得出如下结论。

(1)工业升级指数对工业生态效率有显著的正向作用，其回归系数为 0.1600。这与前文所分析的工业升级会促进工业生态效率提升的理论相吻合。第一，工业升级可以通过优化各种生产要素在不同工业企业间的合理配置，提高资源的利用效率，推动工业升级，促使经济效益增加，提高工业生态效率。第二，工业企业内部技术的高级化，不仅可以提高工业部门的经济效益，而且有利于节约自然资源，减少能源消耗与环境污染，提升工业生态效率。第三，工业升级具有溢出效应。一方面，高技术工业企业能够把先进的知识技术向传统工业企业传导，传统工业企业也会通过各种方式学习、模仿并利用先进技术，从而提高传统工业企业的技术水平和生产效率，促进传统工业企业经济效益和生态效率的提高。另一方面，生产性服务企业为工业企业提供专业化服务，引导其他工业企业在组织结构和经营管理方式上进行改进和变革，促进新兴产品的发展与应用，带动其他工业企业升级，进而提高工业生态效率。第四，各个生产环节的分工细化使企业的专业化程度得到增强，推动了规模报酬递增，进而可以在重复工作中不断积累知识与技能，提高企业的效率，实现工业生态效率的提升。与此同时，工业升级指数(IU)对工业生态效率的正向作用排名第二，突显了工业升级对工业生态效率提升的重要性。发挥好工业升级的资源配置效应、技术高级化效应、溢出效应及专业化分工效应以促进工业生态效率提高是未来中国工业部门应重点考虑的方向。

(2)人均资本存量对工业生态效率有显著的正向作用，其回归系数为0.0259。从前文对人均资本存量的分析可以推断，中国工业资本更倾向于流向工业生态效率高的行业。一方面，物质资本不断地分配与流动能够逐渐提高物质资本创造价值的效率，使企业间资本分配发生改变，促进企业整体效率提升。另一方面，物质资本增加可以为工业经济发展提供大量资金支持，调整了工业部门资金的供给与需求结构，有助于资本结构的改善，促进工业企业资本与规模的改善，从而有助于工业行业的发展。因此，中国应进一步促进工业资本替代劳动要素，促进工业结构由劳动密集型向资本密集型转变，切实提升资本深化水平和高质量竞争能力(金岳等,2019)。

(3)企业规模对工业生态效率有显著的正向作用，研究显示，代表企业规模的工业总产值与该行业企业数比值的回归系数为0.0749。这表明，在中国工业发展的现阶段，扩大工业企业规模可以通过集中使用机器设备、优化资源配置等方式实现规模效益，提升生产水平，有利于提高工业生态效率。同时，企业规模的扩大也带来更多的经济利润，企业可以将这些资金用于技术改进和设备更新，通过改进优良技术和引入新型节能高效设备，提高资源利用效率，降低环境污染，向更加绿色、低碳、高效发展，更加符合节能减排的要求，从而提高工业生态效率。因此，政府可以积极鼓励大型企业建立独立的技术研发中心，采购先进技术设备，加快高端技术的内部化吸收，增强其再创新能力，并鼓励其他中小型工业企业开展技术研发活动(蔺雪芹 等，2019)。

(4)所有制结构对工业生态效率有显著的负向作用，研究表明，代表所有制结构的规模以上工业国有企业数比重的回归系数为−0.0110。这说明，当前工业国有企业的节能减排意愿相对较低，激励机制还不够完善。一方面，国有企业可能会因为存在预算软约束或者监督力度不够而造成经济效益不高，另一方面，国有企业面临的是环境监管执行上的软约束，缺乏有效激励来实现减污降碳。对照社会和时代的需求，工业国有企业在发展质量上可改善的空间还很大。因此，在国有化程度较高的行业，应该采取更严格的措施进行管控(李斌 等，2013)。首先，应在公平公正的基础上健全考核机制，完善环境保护考核体系，严格规范制度执行标准，做到有法可依。其次，应该强化生态环境监督和查处的力度，做到环境污染零容忍，严惩环境污染行为，做到有法必依。最后，要激活市场活力，通过市场化改革，调整市场所有制结构，加快市场化转型，在提高国有企业的工业生态效率的同时，应该为非国有经济创造更多的发展空间，充分激发其发展活力。

(5)环境规制对工业生态效率有显著的正向促进作用，研究显示，代表环境规制的废气治理设施数的回归系数为0.0242。这表明，政府对环境保护的监督能够有效推动工业企业开展环保监管行动，避免工业企业忽视自身对资源及外部环境的影响，是督促企业减污降碳的强制性措施，有助于实现工业经济绿色高质量发展，推动工业生态效率提高。因此，对整个工业部门而言，一方面，需要加强对工业企业的环保管理，提高环境监测水平。通过政府的外部约束力，推动企业进行绿色技术创新，实现生产活动的清洁化和高级化，在一定程度上可以弥补环境治理成本增加给企业带来的不利效应。另一方面，在加强环保监管力度的前提下，必须考虑有效的激励措施，建立健全能够充分激发工业企业积极性的激励机制（沈能，2012），增强工业企业的环境保护意识。

(6)技术创新对工业生态效率有显著的正向作用，研究显示，代表技术创新的规模以上工业企业有效发明专利数的回归系数为0.1703。这表明技术创新不仅可以改进污染物处理设备，提升污染物处理率，而且能够通过有效开发污染物资源化的先进技术，使工业企业在取得生态效益的同时，还能增加经济效益。在一定程度上，技术创新能够提高工业企业末端治理的积极性与自觉性。与此同时，技术创新的回归系数最大，表明技术创新是推动工业生态效率提高的最有效因素，通过技术创新促进工业生态效率提升是首先应考虑的路径（周五七 等，2013）。因此，中国应鼓励工业企业加大长期的科研投入，要构建起支持和促进科技进步的长效机制体制，提高自主研发创新能力，促进科技成果有效转化，激发科技创新对工业生态效率的推动作用。

9.4.2 分行业回归分析

我们进一步对工业行业门类的三个一级大类（采矿业、制造业以及电热燃气及水的生产供应业）进行分组回归，以探究不同工业门类的工业升级对工业生态效率的影响。相关的 Tobit 估计结果如表 9－3 所示。

表 9-3　工业升级对工业生态效率影响的分行业回归结果

解释变量	模型(1) 采矿业		模型(2) 制造业		模型(3) 电热燃气及水的生产供应业	
	系数	Z 值	系数	Z 值	系数	Z 值
工业升级指数(IU)	0.0527* (0.0301)	1.75	0.1419*** (0.0383)	3.70	0.0471* (0.0250)	1.89
人均资本存量(KL)	0.0011 (0.0514)	0.02	0.6876*** (0.1639)	4.20	0.1146*** (0.0289)	3.97
企业规模(SCA)	−0.0553*** (0.0180)	−3.06	0.0753*** (0.0180)	4.19	−0.0251 (0.0234)	−1.07
所有制结构(OS)	−0.0271*** (0.0076)	−3.57	−0.0131*** (0.0041)	−3.21	0.0019*** (0.0007)	2.88
环境规制(ER)	0.1495*** (0.0437)	3.42	0.0211** (0.0101)	2.09	−0.0202*** (0.0051)	−4.00
技术创新(TEC)	0.2651*** (0.0524)	5.06	0.1712*** (0.0339)	5.05	−0.0322*** (0.0083)	−3.89
常数项	0.0738* (0.0435)	1.70	−0.0249 (0.0501)	−0.50	−0.0570*** (0.0221)	−2.58
log likelihood	182.8627		258.6662		145.7312	

注：*** 表示 $p<0.01$，** 表示 $p<0.05$，* 表示 $p<0.1$；括号中的数字为标准误。

1. 采矿业的回归结果分析

对表 9-3 中采矿业的回归结果进行分析。SCA、OS、ER、TEC 在 1%的水平上显著，IU 在 10%的水平上显著，而 KL 对采矿业的工业生态效率影响不显著。由此可以得出以下结论。

虽然采矿业的工业升级指数(IU)对工业生态效率有显著的正向作用，但其系数明显偏小，仅为 0.0527，即工业升级指数每增加 1 个百分点，工业生态效率将增加 0.0527 个百分点。这说明目前采矿业正处于转型升级的瓶颈期，主要表现在三个方面：一是中国矿产资源利用量较大，但安全保障水平不高，环境保护欠账多，研发创新能力较弱。这具体表现为矿业开发方式粗放、矿山环境破坏严重、勘探开采水平差异大以及关键技术缺失等方面。二是国内矿业市场活力不足、资源利用和污染防治能力有待提高，采矿行业的经营效益逐年降低，投资额也逐年下降。三是当前国际形势越来越复杂，采矿业应对风险的能力不强。因此，必须加快中国采矿业的升级进程，提升采矿业的竞争能力。

采矿业的人均资本存量(KL)的回归结果不显著，表明人均资本存量对工业生态效率没有明显的影响。这反映了采矿业的内部资本虽然是向着工业生态效率高的行业流动，但其投资方向主要是资源勘查，而矿山生态修复的资本占比很小，导致了结果不显著。此外，采矿业可能存在"过度工业化"或"过快资本深化"问题(周五七 等，2013)，导致大量高能耗、高污染的采矿企业增加，资源配置效率降低，制约了工业生态效率的提高。因此，中国应该对采矿行业的环保工作提出更高要求，提倡从源头减排到末端治理全方位地展开环境保护工作，加强环保投入，切实改善生态环境质量。

企业规模(SCA)对采矿业的工业生态效率有显著的负向作用，其回归系数为－0.0553。一方面，采矿业企业规模的扩大可能导致规模不经济。随着采矿业企业规模的扩大，内外协调的成本和难度越来越大，边际收益下降。另一方面，采矿业属于高污染行业，其开采规模的扩大不仅会造成环境污染和破坏，而且会造成资源大量消耗，从而对工业生态效率产生负面影响。因此，采矿企业应尽快转变发展方式，在提高经济效益的同时合理开采矿产资源，推动矿业绿色可持续发展。

所有制结构(OS)对采矿业的工业生态效率有负向作用，环境规制(ER)、技术创新(TEC)对采矿业的工业生态效率有显著的正向作用，这与上文工业整体的基准回归结果一致。

2. 制造业的回归结果分析

IU、KL、SCA、OS、TEC 均在 1%的水平上显著，ER 在 5%的水平上显著。其中，工业升级指数(IU)、人均资本存量(KL)、企业规模(SCA)、环境规制(ER)及技术创新(TEC)对制造业的工业生态效率均有正向作用，而所有制结构(OS)对制造业的工业生态效率有负向作用。这与上文工业整体的基准回归结果完全一致。但明显可以看到，工业升级指数(IU)的回归系数为 0.1419，小于技术创新(TEC)的回归系数 0.1712，与工业整体相比，二者之间的差距变得更大。这表明技术创新对制造业的工业生态效率的正向推动作用更为明显。换句话说，中国制造业发展正处于技术驱动升级的重要阶段，创新已成为制造业升级的主要动力。因此，制造业的发展应以创新为主线，加强关键核心技术的攻关，在此基础上，做好体制机制的改革工作，以促进工业生态效率的提升。

3. **电热燃气及水的生产供应业的回归结果分析**

KL、OS、ER、TEC 均在 1% 的水平上显著，IU 在 10% 的水平上显著。而 SCA 没有通过显著性检验，表明了此项指标对电热燃气及水的生产供应业的工业生态效率影响不显著。由此可以得出以下结论。

虽然电热燃气及水的生产供应业的工业升级指数(IU)对其工业生态效率有显著的正向作用，但其系数明显偏小，为 0.0471，即工业升级指数每增加 1 个百分点，工业生态效率将增加 0.0471 个百分点。这是因为电热燃气及水的生产供应业是一项重要的基础性产业，关系到整个国民经济的发展，是国家在基础设施建设领域中重点扶持的行业。该行业通常可以享有一定的补贴和优惠政策，具有地区垄断和公益服务的特点。行业总体盈利能力不高，高度依赖于自然资源和原有投资路径。因此，政府应不断提升电热燃气及水的生产供应业的市场化程度，改变能源结构，推动电热燃气及水的生产供应业摆脱对煤炭的高度依赖，倡导可再生能源革命，加快提升煤电利用效率与清洁化水平，积极推动可持续发展的清洁可再生能源在该行业的应用。

企业规模(SCA)对电热燃气及水的生产供应业的工业生态效率有负向作用，其回归系数为 −0.0251。这表明电热燃气及水的生产供应业企业规模的扩张也可能导致规模不经济。该行业的发展仍处于粗放扩张时期，盲目扩张企业规模可能导致资源利用效率下降。企业规模的扩大会带来严重的环境污染，使得治理污染的成本高于企业扩张带来的经济效益，因此需要警惕电热燃气及水的生产供应业企业盲目扩大企业规模所带来的负面影响。

所有制结构(OS)对电热燃气及水的生产供应业的工业生态效率有显著的正向作用,其回归系数为0.0019。这是因为该行业具有公益服务性质,由政府宏观控制,需要承担一定的社会责任,减污降碳的动机更强,从而对工业生态效率产生积极影响。因此,中国应该合理运用相关激励机制,推动国有工业企业将节能减排等外部调控手段内部化为企业自身发展方式转变的动力(李斌,2013)。

环境规制(ER)对电热燃气及水的生产供应业的工业生态效率有显著的负向作用,其回归系数为−0.0202。究其原因,一是该行业所需污染治理的投资巨大,治理设备运行成本较高,而目前中国末端治理仅有环境效益没有经济效益。二是中国现有的环境保护设施和治理技术相对落后,导致运行效率不高,投资效益降低,甚至出现负效益(潘兴侠 等,2013)。因此,在不断强化对电热燃气及水的生产供应业环境规制强度的同时,也要考虑激励性措施的应用,帮助企业克服生产清洁技术所面临的各种制约因素。

技术创新(TEC)对工业生态效率有显著的负向作用,其回归系数为−0.0322。这与理论预期相矛盾。本研究认为,一是因为电热燃气及水的生产供应业企业的有效发明专利数并非全部是节能技术专利,难以准确衡量节能技术的水平(戴志敏 等,2016)。二是因为电热燃气及水的生产供应业目前的相关发明专利更加关注保障社会经济的正常生产和生活,并未将经济利益置于首位。因此,该行业在今后的发展过程中,要加强对科技投资资金的有效监管,促进资源的高效利用,建立健全工业污染的治理机制。

9.5 稳健性检验

稳健性检验的目的是探讨在不同情况下,模型参数估计值的正负号和显著性是否会改变。因此,本章分别采用改变测算方法和选取二级指标替换的方法来进行稳健性检验。如果检验结果显示模型各变量参数估计值的符号和显著性均与前文模型结果基本一致,那么可以认为前文模型具有较好的稳健性。

9.5.1　改变核心解释变量的测算方法

改变核心解释变量的度量方式可能会影响回归估计的结果。借鉴相关研究(魏敏 等,2018),本章将 CRITIC 客观赋权法替换为熵值法和变异系数法来分别测算工业升级指数,表 9－4 分别报告了回归结果。可以发现,改变核心解释变量的测算方法并不改变主要结论,即工业升级指数(SIU、BIU)对工业生态效率仍然呈现显著的正向作用。所有控制变量均在 1%的水平上显著,且符号也与基准回归模型保持一致,表明实证结果较为可靠。

表 9－4　改变核心解释变量测算方法的稳健性检验结果

变量	检验模型(1) 熵值法		检验模型(2) 变异系数法	
	参数统计值	Z 统计量	参数统计值	Z 统计量
工业升级指数(SIU)	0.6714*** (0.1555)	4.32	—	—
工业升级指数(BIU)	—	—	0.7235*** (0.1512)	4.78
人均资本存量(KL)	0.0256*** (0.0062)	4.14	0.0256*** (0.0061)	4.19
企业规模(SCA)	0.0762*** (0.0159)	4.80	0.0767*** (0.0158)	4.86
所有制结构(OS)	−0.0108*** (0.0024)	−4.49	−0.0108*** (0.0024)	−4.52
环境规制(ER)	0.0269*** (0.0089)	3.02	0.0252*** (0.0089)	2.83
技术创新(TEC)	0.1660*** (0.0338)	4.91	0.1642*** (0.0322)	5.10
常数项	0.0224 (0.0342)	0.65	0.0037 (0.0352)	0.11
log likelihood	379.0111		380.9807	

注:*** 表示 $p<0.01$,** 表示 $p<0.05$,* 表示 $p<0.1$;括号中的数据为标准误。

9.5.2 采用二级指标替换核心解释变量

选取核心解释变量(IU)的三个二级指标——资本升级(CIU)、劳动力升级(LIU)、产出升级(OIU)进行稳健性检验,回归结果如表 9-5 所示。可以发现,用这些二级指标替换核心解释变量的检验方法并没有改变主要结论,资本升级(CIU)、劳动力升级(LIU)和产出升级(OIU)对工业生态效率均呈现显著的正向作用,表明这些升级都有利于工业生态效率的提升。所有控制变量都在 1%的水平上显著,并且符号与基准回归模型保持一致,进一步验证了实证结果的可靠性。

表 9-5 采用二级指标替换核心解释变量的稳健性检验结果

变量	检验模型(3) 资本升级		检验模型(4) 劳动力升级		检验模型(5) 产出升级	
	系数	Z 值	系数	Z 值	系数	Z 值
资本升级(CIU)	0.2214*** (0.0815)	2.72	—	—	—	—
劳动力升级(LIU)	—	—	0.4770*** (0.0958)	4.98	—	—
产出升级(OIU)	—	—	—	—	0.9203*** (0.1494)	6.16
人均资本存量(KL)	0.0253*** (0.0064)	3.95	0.0276*** (0.0061)	4.53	0.0242*** (0.0063)	3.81
企业规模(SCA)	0.0663*** (0.0163)	4.07	0.0758*** (0.0158)	4.81	0.0644*** (0.0156)	4.12
所有制结构(OS)	−0.0125*** (0.0027)	−4.66	−0.0131*** (0.0024)	−5.50	−0.0096*** (0.0025)	−3.84
环境规制(ER)	0.0370*** (0.0088)	4.19	0.0287*** (0.0088)	3.25	0.0254*** (0.0087)	2.93
技术创新(TEC)	0.2695*** (0.0225)	11.96	0.2081*** (0.0258)	8.06	0.1299*** (0.0319)	4.07
常数项	0.0345 (0.0449)	0.77	0.0314 (0.0308)	1.02	0.0261 (0.0300)	0.87
log likelihood	373.8902		382.0130		388.5399	

注:*** 表示 $p<0.01$,** 表示 $p<0.05$,* 表示 $p<0.1$;括号中的数据为标准误。

9.6　内生性检验

在实证研究中,严重的内生性可能导致估计结果产生偏误和不一致性。在本章中,工业升级可能存在内生性。因此,为了检验工业升级变量是否存在内生性问题,借鉴陈紫若等(2022)和郑江淮等(2022)的相关研究,将工业升级指数(IU)滞后一至三阶的值作为工具变量进行检验,估计结果如表 9-6 所示。IV-Tobit 模型的回归结果显示,沃尔德检验结果均大于 0.1,不支持拒绝外生性的原假设,即认为不存在严重的内生性问题。同时,工业升级指数对工业生态效率的估计系数仍然显著为正,与表 9-2 中的估计结果保持一致。这说明工业升级对工业生态效率有显著的正向作用,工业升级有利于工业生态效率的提升,估计结果具有一定的稳健性。

表 9-6　内生性检验结果

变量	检验模型(1) 滞后一阶		检验模型(2) 滞后二阶		检验模型(3) 滞后三阶	
	系数	Z 值	系数	Z 值	系数	Z 值
工业升级指数(IU=L1. IU)	0.0790*** (0.0238)	3.31	—	—	—	—
工业升级指数(IU=L2. IU)	—	—	0.0702*** (0.0265)	2.65	—	—
工业升级指数(IU=L3. IU)	—	—	—	—	0.0697** (0.0294)	2.37
人均资本存量(KL)	−0.0006 (0.0049)	−0.12	−0.0019 (0.0053)	−0.37	−0.0025 (0.0058)	−0.44
企业规模(SCA)	0.1010*** (0.0107)	9.47	0.1035*** (0.0112)	9.23	0.1072*** (0.0119)	8.98
所有制结构(OS)	−0.0043*** (0.0013)	−3.20	−0.0042*** (0.0015)	−2.81	−0.0042*** (0.0016)	−2.60
环境规制(ER)	0.0003 (0.0056)	0.05	0.0005 (0.0058)	0.09	0.0007 (0.0061)	0.11

续表

变量	检验模型(1) 滞后一阶		检验模型(2) 滞后二阶		检验模型(3) 滞后三阶	
	系数	Z值	系数	Z值	系数	Z值
技术创新(TEC)	0.2819*** (0.0333)	8.47	0.2864*** (0.0355)	8.06	0.2805*** (0.0381)	7.36
常数项	0.0526** (0.0241)	2.18	0.0657** (0.0270)	2.43	0.0715** (0.0302)	2.36
沃尔德检验	0.1481		0.4104		0.7985	

注：*** 表示 $p<0.01$，** 表示 $p<0.05$，* 表示 $p<0.1$；括号中的数据为标准误。

9.7 本章小结

本章运用面板 Tobit 回归模型，将工业升级指数作为核心解释变量，工业生态效率作为被解释变量，其他影响因素为控制变量，分别从工业整体层面、三大工业行业层面，实证分析了工业升级对工业生态效率的影响，并检验了模型及结果的稳健性。主要研究结果如下：

(1)从工业整体层面分析。首先，工业升级对中国工业生态效率有显著的正向促进作用。工业升级通过资源配置效应、技术高级化效应、溢出效应和专业化分工效应四个方面推动了工业生态效率的提升。其次，工业企业规模的扩大能够增强工业企业集中使用机器设备、优化配置投入要素等方面的能力，有助于增加企业利润和促进工业生态效率提升。然而，国有工业企业的节能减排意愿相对较低，可能由于预算软约束或者监督力度不够而造成经济效率不高，缺乏有效的激励机制实现减污降碳，对工业生态效率产生负向影响。政府对环境保护的监督能够使工业企业意识到自身对资源和生态环境的负面作用，有助于提升工业生态效率。技术创新对工业生态效率的促进作用最为明显，不仅提高了工业企业的生态和经济效益，而且能提高企业末端污染治理的积极性和主动性。

(2)从三大工业行业层面分析。首先，工业升级对工业生态效率的影响存在异质性，其作用大小为制造业＞采矿业＞电热燃气及水的生产供应业。制造业总体对工业生态效率的促进作用最为明显，然而行业内部存在较大的差距。采矿业和电热燃气及水的生产供应业的能源结构变动幅度较小，高消耗、高投入、高污染的状况还未得到根本性改变，整体盈利能力不高，需要根据异质性行业特征，有针对性地补齐短板，推动工业可持续发展。其次，对于采矿业而言，其内部资本用于矿山生态修复的占比很小，可能出现“过度工业化”或“过快资本深化”问题，制约工业生态效率的提高。采矿业企业规模的扩大出现了规模不经济现象，且开采活动会造成环境的污染和资源的消耗，对工业生态效率产生了负面影响。对于制造业而言，技术创新对制造业工业生态效率的促进作用更强，创新已成为制造业升级的主要动力。对于电热燃气及水的生产供应业而言，该行业的发展还处于粗放扩张时期，盲目扩张企业规模会导致资源利用效率下降，给环境带来严重污染，治理污染的成本高于规模扩张带来的经济效益。

(3)本章采用改变测算方法、选取二级指标替换等方法来进行稳健性检验，采用工业升级滞后一至三阶的值作为工具变量进行内生性检验。结果表明，检验模型各变量参数估计值的符号和显著性均与前文模型基本一致，可以认为回归结论是可靠的。

第 10 章

研究结论与政策启示

10.1 研究结论

通过对国内外相关文献进行梳理分析，本研究发现以下问题：第一，在新时代背景下，目前大多数研究或者集中在高质量发展水平评价指标体系的构建，或者集中于评价全国层面或某一年份各省区市的高质量发展情况，但调查样本量较小、考察时间跨度短，缺乏对各地区高质量发展的全方位长期测度。第二，工业升级的衡量指标尚不统一，多数研究从产业结构升级角度出发，对各细分行业的工业升级效果及其特点的研究还比较少。此外，关于工业升级对工业生态效率的影响研究也不充分，通常以省域、某一地区或城市为主，或仅从产业结构升级的角度来研究，鲜有学者研究二级细分行业的工业升级对工业生态效率的影响。鉴于此，本研究首先从创新、协调、绿色、开放、共享、效率、安全、稳定八个方面入手，构建中国省际高质量发展的评价指标体系，采用熵值法和计量分析方法对中国各地区的高质量发展驱动因素进行分析与评价，动态分析中国 31 个省区市高质量发展水平的总体变化趋势以及在创新、协调、绿色、开放、共享、效率、安全、稳定八个方面的动态发展变化。其次，对中国工业 37 个二级细分行业的工业升级水平和工业生态效率进行了详细分析，系统研究了工业升级和工业生态效率之间的关系。

本研究立足于新发展理念，对高质量发展的内涵和驱动机制进行了理论延伸与系统阐释，在此基础上构建了高质量发展评价指标体系，对中国以及东、中、西、东北四大区域的高质量发展水平进行了实证测度，并对高质量发展水平的驱动因素进行了深入探究。主要研究结论总结如下：①2000—2017 年，中国整体高质量发展水平呈现稳定增长的态势，八个方面的发展水平呈现不同程度的增长，中国高质量发展水平提高的主要原因是创新、协调、共享和效率发展水平的大幅度提升，其次是绿色、开放和稳定发展水平的波动增长。中国东、中、西、东北四大区域之间的高质量发展差距持续扩大，呈现出东部地区高质量发展水平最高，东北地区次之，中部地区和西部地区居于末尾的发展局面。中国东、中、西、东北四大区域的创新、协调、绿色、开放、共享和稳定发展水平整体呈现持续增长的趋势，但效率和安全发展水平的发展趋势存在一定差异，且区域间的发展差距改善并不明显。②2000 年，中国 31 个地区整体高质量发展水平差异不大。到了 2017 年，中国 31 个地区整体高质量发展水平明显提升，但地区间的差距也明显增大。甘肃和贵州始终都是高质量发展水平最低的地区，而北京、上海和广东始终为高质量发展水平最高的地区。从 2000 年到 2017 年，八个方面的发展水平呈现不同程度的增长，31 个地区在创新发展方面差距大幅扩大，在绿色、效率、稳定发展方面的差距小幅扩大，而在协调、开放、共享和安全发展方面的差距有所缩小。总体来说，四大区域在整体高质量发展水平上表现出较大差距，东部地区的高质量发展水平远远领先于中部、西部与东北地区，中部、东北和西部地区的高质量发展水平基本持平，发展差距主要体现在与东部地区的比较上。2017 年中国共享发展出现了“中部洼地”现象，这在公共文化服务领域有一定的普遍性，已成为制约中国共享发展的瓶颈之一。③基于前文文献和理论研究，通过对中国高质量发展指数及其各驱动因素进行回归分析，结果表明各驱动因素对中国高质量发展具有显著的正向影响。其中，国内专利申请受理量所代表的要素升级的驱动作用排名第一，表明了要素升级对中国高质量发展具有显著的促进作用，要素质量的提升是目前驱动中国高质量发展的最重要因素。全社会固定资产投资所代表的要素投入的驱动作用排名第二，表明了要素投入对中国高质量发展具有显著的促进作用,要素投入的提升是驱动中国高质量发展的基础性因素。财政一般支出占比所代表的政府宏观调控的驱动作用排名第三,表明目前中国政府通过宏观调控能够有效保持经济平衡,促进高质量发展。技术成果市场化和市场活力指数所代表的市场机制的驱动作用排名第四和第五,表明中国社会主义市场经济体制虽然在不断发展,但目前其驱动作用还不够大。专利执法立案数所代表的政府规范市场的驱动作用排名第六,表明中国政府积极发挥了规范市场、与市场机制相互补充的作用。地方财政税收收入占比所代表的政府调节收入的驱动作用排名第七,表明政府对收入分配的调整,对促进高质量发展有一定程度的贡献。森林覆盖率所代表的环境禀赋的驱动作用排名第八,说明了环境禀赋目前对中国高质量发展的驱动作用还不够明显。

接下来,本研究分别从工业升级的资源配置效应、技术高级化效应、溢出效应和专业化分工效应的角度分析了工业升级影响工业生态效率的作用机制。具体来说:①工业升级可以通过优化各种生产要素在不同工业企业间的合理配置,提升资源利用效率,推动工业升级,促使经济效益增加,进而提高工业生态效率。②工业企业内部技术的高级化不仅可以提高工业部门的经济效益,还有利于节约自然资源,减少能源消耗与环境污染,提升工业生态效率。③高技术工业企业可通过多种途径将先进的技术与相关知识向传统工业企业传导,促进工业升级,有效提高生产效率和经济效益;生产性服务企业为工业企业提供专业化服务,引导其他工业企业在组织结构和经营管理方式上进行改进和变革,带动其他工业企业升级,进而提高工业生态效率。④工业升级带来的专业化分工效应增强了生产过程中各个环节的专业化水平,降低了管理成本,推动了规模化生产,有利于技术的成熟与创新,从而有利于提高工业生态效率。

为了客观评估中国工业细分行业的工业升级效果,本书从工业技术升级、资本升级、劳动力升级、产出升级和外贸升级五个维度选取了21个指标,构建了工业升级评价指标体系。采用综合赋权法给各个指标赋权,并测度了中国37个细分工业行业的工业升级指数。通过对计算结果进行分析,得到以下主要结论:①从工业整体层面分析,中国的工业升级指数呈现持续上升的趋势，表现出高速增长—缓慢增长—稳定增长的发展态势。其中，工业技术升级指数的增速最快，而工业外贸升级指数的增速最慢。②从三大工业行业层面分析，行业间的工业升级指数差距较大。采矿业的工业升级指数总体呈现下降趋势，制造业和电热燃气及水的生产供应业的工业升级指数总体呈现上升趋势。制造业是推动中国工业升级的主力部门，而采矿业已成为制约中国工业升级的瓶颈，电热燃气及水的生产供应业的工业升级水平仍具有较大的提升空间。③从细分工业行业层面分析，行业内的发展水平参差不齐。属于装备制造业的细分行业的工业升级指数普遍高于其他细分工业行业。而工业升级指数小于 1 的 19 个二级细分工业行业是需要加快工业升级的“重点”行业，包括了采矿业和电热燃气及水的生产供应业的所有二级细分行业。

本研究从工业生态效率的内涵出发，采用 Super-NSBM 模型及全局参比法对中国工业部门 37 个二级细分行业的工业生态效率进行了测算，得到以下主要结论：①从工业整体层面分析，2005—2019 年中国工业生态效率总体呈持续上升的趋势，工业经济总体运行质量显著提高，但近年来国际环境与国内经济条件都发生了较大变化，工业经济的发展面临诸多困难与风险挑战，因此，中国的工业生态效率还有待进一步提高，存在较大的资源节约与减污降碳潜力。②从三大工业行业层面分析，三大工业行业的生态效率均呈现上升趋势。其中，采矿业的工业生态效率上升幅度最大，而电热燃气及水的生产供应业上升幅度最小。三大工业行业每年的工业生态效率大小排名保持一致，表现为制造业＞采矿业＞电热燃气及水的生产供应业。这表明采矿业与电热燃气及水的生产供应业当前的发展模式仍不能适应生态环境保护和工业经济增长的协调发展需求，其较低的工业生态效率制约了中国整体工业生态效率的提升。③从细分工业行业层面分析，不同行业的工业生态效率存在时间变化趋势，行业间仍存在较大差距。2019 年，中国计算机通信、通用设备、仪器仪表、烟草制品、专用设备以及化纤制造的工业生态效率值已达到了相对有效的状态。为实现工业经济增长与生态保护目标的统筹兼顾，“关键”行业应该从工业生态效率小于 0.1 的 6 个行业中选取（分别是燃气生产供应、煤炭采选、电热生产供应、石油加工、石油开采以及水的生产供应业），这一结果也与第7章分析得出的需要加快工业升级的“重点”行业基本保持一致。

基于前文对工业升级指数、工业生态效率的分析，本研究利用Tobit模型，以工业升级指数为核心解释变量，工业生态效率为被解释变量，选取了要素禀赋结构、规模因素、所有制结构、管制因素和技术因素等方面的五个控制变量，对工业升级和工业生态效率之间的关系进行了实证研究，得到以下主要结论：①从工业整体层面分析。首先，工业升级对中国工业生态效率有显著的正向促进作用。工业升级会通过资源配置效应、技术高级化效应、溢出效应和专业化分工效应四个方面来推动工业生态效率提升。其次，工业企业规模的扩大，能够提高工业企业集中使用机器设备、优化配置投入要素等方面的能力，有助于增加企业利润，从而促进工业生态效率提升。与其他类型的工业企业相比，国有工业企业的节能减排意愿相对不足，可能会因为存在预算软约束或者监督力度不够而造成经济效率不高，缺乏有效的激励实现减污降碳，对工业生态效率有负向影响。政府对环境保护的监督，能够使工业企业意识到自身对资源和生态环境的负面影响，有助于提升工业生态效率。技术创新对工业生态效率的促进作用最为明显，不仅可以使工业企业提升自身生态和经济效益，而且能提高企业末端污染治理的积极性和主动性。②从三大工业行业层面分析。首先，工业升级对工业生态效率的影响存在异质性，其作用大小为制造业＞采矿业＞电热燃气及水的生产供应业。制造业总体对工业生态效率的促进作用最为明显，但行业内差距较大。而采矿业和电热燃气及水的生产供应业的能源结构变动幅度较小，高消耗、高投入、高污染的发展状况还未得到根本性改变，总体盈利能力不强，需要根据异质性行业特征，有针对性地补齐短板，推动工业可持续发展。其次，对于采矿业而言，其内部资本用于矿山生态修复的占比很小，可能出现“过度工业化”或“过快资本深化”问题，制约工业生态效率的提高。采矿业企业规模的扩大出现了规模不经济现象，且开采活动会造成环境的污染和资源的消耗，对工业生态效率产生了负面影响。对于制造业而言，技术创新对制造业工业生态效率的促进作用更强，创新已成为制造业升级的主要动力。对于电热燃气及水的生产供应业而言，该行业的发展还处于粗放扩张时期，盲目扩张企业规模会导致资源利用效率下降，给环境带来严重污染，治理污染的成本高于规模扩张带来的经济效益。

10.2　政策启示

在中国的高质量发展中，工业部门是经济发展的重点领域。工业部门不仅承担着保持经济稳定增长和提质增效等重要任务，还要助力经济动力的转换，实现高质量发展的目标。因此，中国必须增强工业升级对工业生态效率的促进作用，将工业生态化提升融入工业升级的进程。中国具体可以从工业整体层面和细分行业层面出发，采取全方位、多维度的差异化措施，以促进高质量发展。同时，工业升级是工业发展的综合体现，提升工业生态效率必须要以工业升级为核心。此外，中国还要从环境规制、技术创新、体制机制等方面提升工业生态效率。

1. 推进创新驱动发展战略，促进动力变革发展

创新是中国高质量发展的核心驱动力，中国必须坚定不移地实施创新驱动发展战略，以累积新动能、促进动力变革、提高经济创新力和竞争力，从而推动中国高质量发展。

第一，要加快核心技术创新，合理配置科技资源。首先，必须加强基础性研究投入，提高基础研究经费的比例；同时要建立科学的技术创新投入机制，合理配置科技资源。其次，要建立健全中国知识产权保护体系，实施知识产权强国战略，激发企业、高校与科研院所的创新活力。最后，要深化供给侧改革，探索中国当前的科技投入产出结构，推动科技创新的应用和推广，通过建立以市场为导向、以科技创新为动力的现代产业体系，从而推动中国高质量发展。

第二，加大人才培养和激励力度，激发创新活力。要建立健全适应创新发展要求、符合创新规律的人才管理机制。深化教育体制改革，创新教育方式，提高人才培养质量。要有针对性地培养人才，完善人才评价体系，将创新能力、工作贡献等考察标准科学化，激发创新人才的积极性。

同时，也要注重区域协调发展的人才培养模式，完善中国东西部人才协调机制，加快培养具有国际前沿水平的战略性创新人才，为中国高质量发展提供核心动力。

第三，提高创新资金支持力度和投资效率，为创新提供有力保障。政府应在资金投入方面开展多部门协调合作，提高资金使用效率，避免投资资金重复浪费。企业应制定新的资金投入管理办法，提升企业的宏观统筹力和市场竞争力，避免因资金投入效率低而造成科技资源配置分散、运行效率低等问题。此外，企业和政府也应建立健全科技创新资金投入方式、评价制度等管理机制，以适应科技发展新形势和政府职能转变的要求。

2. 完善区域协调发展机制，健全协调发展法律保障

区域协调发展战略是国家的一项重大战略，也是关系到国家长治久安的百年大计。为了确保区域协调发展战略的顺利实施，必须不断完善区域协调发展机制，建立健全区域协调发展的法律保障体系。2018 年党中央、国务院印发了《中共中央 国务院关于建立更加有效的区域协调发展新机制的意见》，为区域协调发展战略的实施指明了方向。然而，现实中仍存在一些尚未填补的空白领域。鉴于此，结合区域协调发展战略的实际需要，本研究认为，完善区域协调发展机制还可以从以下两个方面入手：

一是要围绕区域协调发展的总体战略，设计并完善与该战略高度匹配的区域协调发展机制。应以现有的西部大开发战略、中部崛起战略、振兴东北战略、东部地区率先发展战略为基础，对区域发展总体战略进行科学设计，围绕总体战略进行协调发展机制的设计与完善，重点解决四大区域之间发展不平衡的问题。在总体战略的设计中，要根据东、中、西、东北四大战略区域的发展水平和发展条件，明确各地区的发展定位。同时对区域协调发展的阶段进行整体划分，确立不同时期的战略目标，为建立高度匹配的区域协调发展机制做好顶层设计。

二是必须强化法律保障体系的建设。实施区域协调发展战略是一项长期工程，不能仅仅通过政策工具来推动，还需要有相关法律制度的支

持，以确保战略实施的合法性和稳定性。也就是说，政策法律体系的建构过程应该包括两个方面：第一，要建立适应中国国情的区域协调发展法律体系，这一法律体系至少应涵盖区域协调发展的基本法、落后地区开发法和特别政策措施法等不同法律规范在内的体系（刘水林 等，2005）。通过健全法律体系，明确中央与地方的权力范围、相关机构的权责匹配、区域开发的规范、区域之间的利益补偿等问题。第二，必须坚持依法开发理念，以法治精神促进区域发展行为规范化。在实现有法可依的基础上，要不断推动政策法律在实施过程中的有效落实，以严谨的法律法规替换政策实施过程中的模糊表述，避免出现有法不依的状况。

3. 坚持改善民生与公共服务，共享新时代发展成果

高质量发展是兼顾公平和效率的发展，其最终目的是满足人民日益增长的美好生活需要，而共享也是驱动中国高质量发展的重要因素之一。这要求在制定中国高质量发展相关政策的过程中，要努力创新收入再分配与公共服务供给模式，推动不同地区的协调发展，让人民共享发展成果。具体而言，其应该包括以下两个层面的内容：

一是要构建起“差距缩小，福利共享”的区域发展模式。“差距缩小”主要体现在人民生活水平的提高上。发达地区的高速增长通常建立在其他地区资源和劳动力供给的基础上，地区之间、城乡之间巨大的收入差距需要通过制度进行收入再分配。在形式上，可以通过财政转移支付来推动地区间财政收入的相对均衡，进而通过财政投资带动相对落后地区发展，缩小人民收入差距，从而实现“差距缩小”。“福利共享”主要体现在基本公共服务领域。东部发达省份资金实力强大、公共服务供给充足，中西部省份的公共服务难以达到同等水平，必须依靠政策进行调节。具体来说，可以通过中央财政的投资倾斜与统筹规划来改善，应给予中西部地区各省份高于东部省份标准的财政资金配置，同时统筹规划基础设施建设，以推动公共服务均等化。

二是应该放开户籍限制，促进生产要素高效流动。如今，诸多地区公共服务的供给受到户籍制度的严重制约，从中西部地区流入东部地区的劳动力通常不能享受所在地区的优质基本公共服务。此外，在人口流动

的限制下，落后地区依然有大量剩余劳动力无法向发达地区转移，造成落后地区人均占有的生产资源水平较低，城乡居民收入水平不能从根本上提高。面对这种情况，中国应进行政策引导，打破地域限制，根据人口的实际空间布局配置基本公共服务资源，并让人民享有的公共服务资源可以随着人口流动而自由迁移。同时，逐步尝试放开户籍限制，推动农村向城市、落后地区向发达地区转移，优化生产资料的配置格局，切实提高人民的生活水平。

4. 培育良好市场化环境，双向发力促进发展

良好的市场化环境是构建现代化经济体系、促进高质量发展的基础，也是不断提升区域协调发展水平的重要推动力量。市场化环境对高质量发展的影响主要体现在生产要素的自由流通和政府与市场的关系上。当前，中国市场发育水平呈现东高西低的状况，且东西部差距有进一步拉大的趋势。市场与政府之间存在着共生互补的关系。为了让市场在资源配置中发挥决定性作用，政府应提高与之相适应的制度与服务，通过合理的政策促进经济的健康、稳定运行，最终实现高质量发展。具体来说，政府可以从以下三个方面入手：

一是应该减少行政干预，打破地域间的制度壁垒。党的二十大提出“充分发挥市场在资源配置中的决定性作用”，最重要的就是要减少行政干预，构建起开放、有序的市场秩序。政府要从市场的直接决策者和干预者转变为市场竞争秩序的维护者和市场优良环境的创造者。政府通过逐步减少不必要的行政干预，放开地区间人为设置的制度壁垒，促进生产要素在地区间自由流通，最大限度地激发市场活力。

二是应该完善市场监管体系建设，营造公平竞争的市场环境。以优化营商环境为目标，以完善公平竞争市场环境为重点的市场监管变革，不仅涉及监管职能的调整和监管理念的转变，还涉及深层次的监管权力结构调整。良好的市场环境需要政府的良性参与，以避免市场失灵的困境。政府通过完善市场监管体系和相关制度，确保市场力量有效发挥作用，促进高质量发展。

三是必须完善相关法律制度，充分保障企业的投资。相对落后地区

产业转型升级的关键是依靠发达地区的产业转移，而优质的营商环境与法律保障才能够吸引外来投资者。因此，中西部地区必须积极完善相关法律制度，规范投资行为，保护企业家的合法权益，以推动区域长远的健康发展。

5. **积极推动工业升级，明确行业升级方向**

本书的研究结果显示，工业升级可以促进工业生态效率的提高。因此，推动工业升级是中国实现工业经济增长和生态环境保护动态协调发展的关键途径。同时，考虑到工业部门内各二级细分行业的发展现状、生产技术水平各不相同，需要结合行业特点来确定升级方向。

第一，应从全方位、多维度持续推动工业升级。在技术升级方面，应该加大对科技研发的投入并注重科技人才的培养，紧密关注国际先进技术的发展趋势，重视建立推动创新成果转化的激励机制，努力将技术创新转化为现实生产力，从而强化工业升级中的技术高级化效应对工业生态效率的促进作用。在资本升级方面，应该推动体制机制改革，以提高工业企业资产利用效益，降低成本，加速资金周转，增强单位资本的获利能力，创造更多的经济效益。在劳动力升级方面，应吸引更多高质量人才，使人力资本和工业升级在相互作用的过程中都得到提升。在产出升级方面，应该突出优势特色，提高生产效率，推动产品升级，推进工业产品迈向中高端领域。在外贸升级方面，一方面需要优化引入外商直接投资的方式，不能只引入资金流量，要注重引入创新技术，充分发挥外商直接投资促进技术扩散和人力资本提高的总体效应；另一方面，要完善营商环境，并结合不同工业行业经济发展的具体要求，制定相应的政策和支持措施，提高外商直接投资的吸纳力度，使其充分发挥在稳定经济增长、就业和工资方面的积极作用。

第二，针对不同行业的特点，明确其升级方向。对于采矿业来说，一是要合理确定资源开发利用的上限，注重提高资源使用效率，降低环境污染，促进矿业绿色升级，以较小的资源消耗和环境压力实现经济增长。二是要在国家的适当调控下，构建合理配置资源的市场价格体系，强化对资源产权市场的监督与管理，促进资源的合理有效开发，从而增强采矿企业的自主性，激发采矿业经济发展的潜力。三是要以技术创新驱动采矿业发展。调整矿产资源勘探开发方式，保障矿产资源安全；加强国际采矿领域的合作，积极引进先进的采矿技术和设备，强化自主创新能力。对于制造业而言，一是要以创新为主线，激发研发主体的创新活力，加强关键核心技术的攻关，推动创新成果转化、加大科技推广资金的投入，推进技术的应用与产业化推广。二是要充分发挥高技术制造企业的溢出效应，引导企业优势互补，鼓励企业间的合作交流，以产业链为核心，整合并合理配置产能，减少行业间的发展差距。三是深化体制机制的改革工作，积极实施推动制造业提质增效的相关政策措施，提高制造企业的发展动力与市场活力，推动工业生态效率的提升。对于电热燃气及水的生产供应业来说，要不断提升其市场化程度，调整能源结构，摆脱对煤炭的高度依赖，倡导可再生能源革命，加快提升煤电利用效率与清洁化水平，积极推动可持续发展的清洁可再生能源在该行业的广泛应用。

6. 适当提高环境规制强度，实行行业差异化监督

本书的研究结果显示，环境规制对工业整体、采矿业和制造业的工业生态效率有积极的促进作用，而对电热燃气及水的生产供应业的工业生态效率有负面影响。因此，应适当加大环境规制的力度，实施差异化监管。

一方面，对于工业部门整体而言，要不断提升环境监管的力度和标准，在政府的外部制约下，推动工业企业环保清洁技术的升级。同时，要考虑建立适当的激励机制，充分激发工业企业实行绿色生产的积极性与自觉性。另一方面，在高质量发展思想的指导下，要结合各工业细分行业的具体发展状况，实施有针对性的环境保护调控措施。环境规制政策应与该行业的工业升级速度相适应，避免环境规制政策制约工业经济发展的情况出现。在符合环境规制政策要求的基础上，鼓励企业不断改善生产环境、减少污染物排放，提高其工业生态效率。对于煤炭、化工和钢铁等高污染企业，可以通过提高排污费和增加污染防治投资强度等措施，鼓励企业加强节能技术创新。对于电热燃气及水的生产供应业，应该重点关注生态资源、发电能源等资源的充分利用，着力解决行业内能源消耗过

度、环境污染严重等问题。要采取针对性有效措施来提高煤炭的利用效率,鼓励绿色清洁能源的使用,帮助企业解除应用绿色环保技术所遇到的种种限制,从源头上推动能源结构转型,最终实现工业经济增长与减污降碳的协调发展。

7. 完善科技创新机制,保障企业创新发展

本书的研究结果显示,有效的技术创新不仅可以提高工业企业的生产效率和经济效益,而且有利于工业企业减污降碳,提高资源利用率,从而提高工业生态效率。因此,应该大力培育和健全科技创新体系,为企业的创新发展提供充足保障。

第一,要营造有助于激发企业开展研发创新活动的制度环境,从制度上保障企业创新活动的开展,激发各级人员的创新热情。一方面,国家应完善相关法律制度,加强对知识产权的保护,平等保护各类企业的技术创新成果,推动相关政策有效落实。另一方面,企业应该建立和完善有关知识产权的内部管理制度,加强对自身创新技术成果的保护。第二,鼓励工业企业进行差异性创新。一方面,鼓励污染大、能耗高的工业企业积极进行绿色技术创新,推动转变为节约型、环保型和高效型企业;另一方面,对具有较强技术创新能力的大型工业企业,要积极引导其在先进高端技术领域开展创新和研发活动,并充分利用大企业的示范带动效应,带动中小企业不断改善生产工艺。对于能力不足的中小型企业,鼓励其开展与大型企业相关的技术创新。第三,营造协同创新氛围,鼓励创新主体高效联动。对不同行业、不同领域的创新资源和要素进行合理整合和有效配置,促进企业之间的协同创新,构建多方参与、合作共赢的创新机制,形成创新合力,营造良好创新氛围。

8. 推进国有工业企业改革,建立健全动力与激励机制

本书的研究结果显示,所有制结构对工业生态效率会产生负向影响。这说明当前国有工业企业的经济效益较低,节能减排意愿相对不足,激励机制还不够完善,相较于社会和时代的需求,国有工业企业在发展质量上还有很大的改善空间。一方面,国有工业企业肩负着经济责任,要为社会

发展创造经济价值。一是要健全市场化的经营机制,使国有工业企业的各类生产经营活动都遵循市场机制,充分发挥市场在资源配置中的决定性作用。二是要推进国有工业企业的制度和治理体系现代化,建立以市场为导向的薪酬体系与激励机制,增强国有工业企业的市场活力与经济效益,提升其在市场经济中的核心竞争力,进而推动工业生态效率的提升。另一方面,国有工业企业还要承担社会责任,推动工业绿色转型。一是要积极推进绿色可再生能源的替代行动。国有工业企业应加大先进储能和能源转换系统的研究力度,并在重点行业领域率先开展减污降碳等绿色转型活动,发展绿色低碳工业,加快推进国有工业企业的绿色转型。二是要建立健全相关评价监管体系,强化环境监管和违规处罚力度,保证环境违法行为的及时查处和环境秩序的有效维护,防止因环境监管制度的软执行而带来的国有工业企业监管失效问题。三是要建立健全环境保护的激励机制,充分激发国有工业企业实行绿色生产的积极性与自觉性。

10.3 研究展望

首先,本书从创新、协调、绿色、开放、共享、效率、安全、稳定八个方面测度和分析了中国高质量发展水平,但对其形成原因的深入探究还存在不足,未来应加强对深层原因的针对性研究,为全面了解中国高质量发展状况提供参考。同时,由于某些指标数据的获取存在一定难度,本书未能够系统和深入地研究。例如,在构建评价指标体系时,考虑到指标数据的可行性和可获得性,某些指标未被纳入其中。

其次,本书选择中国工业 37 个二级细分行业为研究对象,分别构建了工业升级和工业生态效率的指标评价体系,搭建了工业升级对工业生态效率影响的分析框架,理论分析了工业升级对工业生态效率的四个作用机制。本书仍然存在三个方面的不足需要完善:第一,数据样本有待进一步丰富。随着中国产业结构的不断调整,产业分类已进行了多次修订。为减少因行业合并与调整带来更大的误差,本书采用了 2005—2019 年的数据,这对于工业升级的全部过程没有囊括进去,解读不够,可能与现实情况存在微小差距。第二,存在遗漏变量的风险。在实证研究部分,为使计量模型更加准确简洁，本书未能将其他所有影响工业生态效率的因素都纳入控制变量，可能存在部分变量疏漏的情况。第三，未实证检验作用机制。本书从理论上提出了工业升级影响工业生态效率的四个作用机制，但由于工业行业指标数据的限制，目前无法有效区分和衡量各个效应的实际大小，所以未对作用机制进行实证检验。

研究总是在不断推进的过程中逐步走向完善的。基于以上存在的问题，后续研究可以从以下方面着手完善：一是在时间序列层面扩大样本范围，尝试采集更多年份的统计数据，以便更加系统地展现中国高质量发展水平的变化趋势，归纳发展演变的规律。二是进一步强化经典文献的阅读，努力寻找更具创造性的研究切入点与系统支撑理论。三是坚持指标体系的优化是无止境的，在后续研究中应持续优化测度指标。

参考文献

白清，2015. 生产性服务业促进制造业升级的机制分析：基于全球价值链视角[J]. 财经问题研究(4)：17－23.

蔡玉蓉，汪慧玲，2020. 产业结构升级对区域生态效率影响的实证[J]. 统计与决策，36(1)：110－113.

钞小静，惠康，2009. 中国经济增长质量的测度[J]. 数量经济技术经济研究，26(6)：75－86.

钞小静，任保平，2011. 中国经济增长质量的时序变化与地区差异分析[J]. 经济研究，46(4)：26－40.

陈傲，2008. 中国区域生态效率评价及影响因素实证分析：以 2000—2006 年省际数据为例[J]. 中国管理科学，16(S1)：566－570.

陈佳贵，黄群慧，2009. 我国实现工业现代化了吗：对 15 个重点工业行业现代化水平的分析与评价[J]. 中国工业经济(4)：5－16.

陈菁泉，连欣燕，马晓君，等，2022. 中国全要素能源效率测算及其驱动因素[J]. 中国环境科学，42(5)：2453－2463.

陈明华，岳海珺，郝云飞，等，2021. 黄河流域生态效率的空间差异、动态演进及驱动因素[J]. 数量经济技术经济研究，38(9)：25－44.

陈诗一，2011. 中国工业分行业统计数据估算：1980—2008[J]. 经济学(季刊)，10(3)：735－776.

陈友华，2004. 全面小康社会建设评价指标体系研究[J]. 社会学研究，19(1)：90－98.

陈羽，邝国良，2009. “产业升级”的理论内核及研究思路述评[J]. 改革(10)：85－89.

陈紫若，盛伟，张先锋，2022. 全球贸易协定网络对国际创新活动的不对称影响：基于制度环境的视角[J]. 中国工业经济(4)：80－98.

程惠芳，唐辉亮，陈超，2011. 开放条件下区域经济转型升级综合能力评价研究：中国31个省市转型升级评价指标体系分析[J]. 管理世界(8)：173－174.

戴魁早，2012. 中国工业结构变迁的驱动因素：1985—2010[J]. 当代经济科学，34(6)：1－14.

戴志敏，曾宇航，郭露，2016. 华东地区工业生态效率面板数据研究：基于整合超效率DEA模型分析[J]. 软科学，30(7)：35－39.

董会忠，闫梓昱，辛佼，2022. 环境规制对工业生态效率的影响机理研究：人力资本与科技研发的双重调节[J]. 华东经济管理，36(3)：1－11.

方大春，马为彪，2019. 中国省际高质量发展的测度及时空特征[J]. 区域经济评论，38(2)：67－76.

方慧，韩云双，2016. 我国人口年龄结构变化对出口商品结构的影响研究[J]. 经济与管理评论(1)：5－13.

冯俏彬，2018. 我国经济高质量发展的五大特征与五大途径[J]. 中国党政干部论坛(1)：59－61.

付丽娜，陈晓红，冷智花，2013. 基于超效率DEA模型的城市群生态效率研究：以长株潭"3＋5"城市群为例[J]. 中国人口·资源与环境，23(4)：169－175.

干春晖，郑若谷，余典范，2011. 中国产业结构变迁对经济增长和波动的影响[J]. 经济研究，46(5)：4－16.

高峰，王金德，郭政，2011. 我国区域工业生态效率评价及DEA分析[J]. 中国人口·资源与环境，21(S1)：318－321.

高世楫，李佐军，等，2017. 用制度创新促进绿色发展[M]. 北京：中国发展出版社.

高淑桂，2018. 实现高质量发展的核心驱动因素研究[J]. 宏观经济管理(9)：63－68.

郭春丽，易信，何明洋，2019. 推动高质量发展面临的难题及破解之策[J]. 宏观经济管理(1)：7－14.

郭露，徐诗倩，2016. 基于超效率 DEA 的工业生态效率：以中部六省2003—2013 年数据为例[J]. 经济地理，36(6)：116－121.

郭庆旺，贾俊雪，2005. 中国全要素生产率的估算：1979—2004[J]. 经济研究，40(6)：51－60.

郭艳冰，胡立君，2022. 人工智能、人力资本对产业结构升级的影响研究：来自中国 30 个省份的经验证据[J]. 软科学，36(5)：15－20.

国家发展改革委经济研究所课题组，2019. 推动经济高质量发展研究[J]. 宏观经济研究(2)：5－17.

国家统计局课题组，2006. 和谐社会统计监测指标体系研究[J]. 统计研究(5)：23－29.

韩楠，于维洋，2015. 中国产业结构对环境污染影响的计量分析[J]. 统计与决策(20)：133－136.

何立峰，2018. 大力推动高质量发展积极建设现代化经济体系[J]. 宏观经济管理(7)：4－6.

何伟，2013. 中国区域经济发展质量综合评价[J]. 中南财经政法大学学报(4)：49－56.

何小钢，张宁，2015. 中国经济增长转型动力之谜：技术、效率还是要素成本[J]. 世界经济，38(1)：25－52.

贺晓宇，沈坤荣，2018. 现代化经济体系、全要素生产率与高质量发展[J]. 上海经济研究(6)：25－34.

洪功翔，洪阳，2018. 新时代推动高质量发展的理论思考[J]. 上海经济研究(11)：34－41.

洪银兴，刘伟，高培勇，等，2018."习近平新时代中国特色社会主义经济思想"笔谈[J]. 中国社会科学(9)：4－73.

侯黄萍，2020. 粤港澳大湾区高质量发展评价指标的构建与影响因素研究[D]. 广州：广东外语外贸大学.

黄庆华，时培豪，刘晗，2019. 区域经济高质量发展测度研究：重庆例证[J]. 重庆社会科学(9)：82－92.
黄顺魁，2017. 要素投入还是要素升级：影响中国经济增长的因素分析[J]. 现代管理科学(5)：36－39.
黄永明，何伟，聂鸣，2006. 全球价值链视角下中国纺织服装企业的升级路径选择[J]. 中国工业经济(5)：56－63.
简新华，聂长飞，2020. 中国高质量发展的测度：1978—2018[J]. 经济学家(6)：49－58.
姜泽华，白艳，2006. 产业结构升级的内涵与影响因素分析[J]. 当代经济研究(10)：53－56.
蒋国阳，2021. 中国区域绿色经济效率评价及对策研究[J]. 西部皮革，43(2)：77－78.
金碚，2018. 关于"高质量发展"的经济学研究[J]. 中国工业经济(4)：5－18.
金晟，2018. 生产性服务业与制造业共生演化动力机理探讨[J]. 统计与决策，34(9)：59－61.
金岳，郑文平，2019. 最低工资提升了中国制造业企业资本存量吗?：基于非线性关系的检验[J]. 统计研究，36(12)：68－80.
靳卫东，2010. 人力资本与产业结构转化的动态匹配效应：就业、增长和收入分配问题的评述[J]. 经济评论(6)：137－142.
匡小明，2019. 要素升级是中国高质量发展的动力源泉[J]. 中国井冈山干部学院学报，12(1)：126－132.
匡远配，张容，2021. 农地流转对粮食生产生态效率的影响[J]. 中国人口·资源与环境，31(4)：172－180.
李贝歌，胡志强，苗长虹，等，2021. 黄河流域工业生态效率空间分异特征与影响因素[J]. 地理研究，40(8)：2156－2169.
李变花，2004. 经济增长质量指标体系的设置[J]. 统计与决策(1)：25－27.

李斌,彭星,欧阳铭珂,2013.环境规制、绿色全要素生产率与中国工业发展方式转变:基于 36 个工业行业数据的实证研究[J].中国工业经济(4):56-68.

李金昌,史龙梅,徐蔼婷,2019.高质量发展评价指标体系探讨[J].统计研究,36(1):4-14.

李平,王钦,贺俊,等,2010.中国制造业可持续发展指标体系构建及目标预测[J].中国工业经济(5):5-15.

李强,王亚仓,2022.高铁网络对长江经济带产业升级的影响研究[J].软科学,36(4):78-85.

李姝,2011.城市化、产业结构调整与环境污染[J].财经问题研究(6):38-43.

李邃,江可申,2011.高技术产业科技能力与产业结构优化升级[J].科研管理,32(2):44-51.

李旭辉,2019."五位一体"总布局视角下经济社会发展绩效综合评价研究:以中国"十二五"期间实证为例[J].科技管理研究,39(6):63-71.

李子伦,2014.产业结构升级含义及指数构建研究:基于因子分析法的国际比较[J].当代经济科学,36(1):89-98.

梁经伟,毛艳华,江鸿泽,2018.影响粤港澳大湾区城市群经济发展的因素研究[J].经济问题探索(5):90-99.

林毅夫,苏剑,2007.论我国经济增长方式的转换[J].管理世界(11):5-13.

蔺雪芹,郭一鸣,王岱,2019.中国工业资源环境效率空间演化特征及影响因素[J].地理科学,39(3):377-386.

刘丹,王迪,赵蕾,等,2015."制造强国"评价指标体系构建及初步分析[J].中国工程科学,17(7):96-107.

刘宏,乔晓,2019.创新模式"换角"驱动高质量经济发展[J].经济问题探索(6):32-41.

刘水林,雷兴虎,2005.区域协调发展立法的观念转换与制度创新[J].法商研究,22(4):3－11.

刘伟,蔡志洲,2018.新时代中国经济增长的国际比较及产业结构升级[J].管理世界,34(1):16－24.

刘志彪,2018.理解高质量发展:基本特征、支撑要素与当前重点问题[J].学术月刊,50(7):39－45.

龙亮军,2019.基于两阶段 Super-NSBM 模型的城市生态福利绩效评价研究[J].中国人口·资源与环境,29(7):1－10.

卢福财,罗瑞荣,2010.全球价值链分工条件下产业高度与人力资源的关系:以中国第二产业为例[J].中国工业经济(8):76－86.

罗能生,王玉泽,2017.财政分权、环境规制与区域生态效率:基于动态空间杜宾模型的实证研究[J].中国人口·资源与环境,27(4):110－118.

吕守军,代政,2019.新时代高质量发展的理论意蕴及实现路径[J].经济纵横(3):16－22.

马茹,罗晖,王宏伟,等,2019.中国区域经济高质量发展评价指标体系及测度研究[J].中国软科学(7):60－67.

马淑琴,张友丰,陆立军,2021.分工深化、知识积累与专业市场全球价值链嵌入:基于报酬递增视角的分析[J].经济体制改革(4):111－116.

孟祥兰,邢茂源,2019.供给侧改革背景下湖北高质量发展综合评价研究:基于加权因子分析法的实证研究[J].数理统计与管理,38(4):675－687.

潘冬青,尹忠明,2013.对开放条件下产业升级内涵的再认识[J].管理世界(5):178－179.

潘兴侠,何宜庆,胡晓峰,2013.区域生态效率评价及其空间计量分析[J].长江流域资源与环境,22(5):640－647.

逄锦聚,林岗,杨瑞龙,等,2019.促进经济高质量发展笔谈[J].经济学动态(7):3－19.

彭海珍,任荣明,2004.所有制结构与环境业绩[J].中国管理科学,12(3):137－141.

彭立颖，童行伟，沈永林，2008. 上海市经济增长与环境污染的关系研究[J]. 中国人口·资源与环境，18(3)：186－194.

彭泗清，李兰，潘建成，等，2013. 经济转型与创新：认识、问题与对策：2013·中国企业家成长与发展专题调查报告[J]. 管理世界(9)：9－20.

齐心，梅松，2007. 大城市和谐社会评价指标体系的构建与应用[J]. 统计研究，24(7)：17－21.

齐岳，赵晨辉，王治皓，2018. 五位一体总布局之综合评价指标体系和多目标决策建模研究[C]//中国软科学研究会. 第十四届中国软科学学术年会论文集. 北京：中国软科学研究会，320－334.

任保平，2018a. 新时代中国经济从高速增长转向高质量发展：理论阐释与实践取向[J]. 学术月刊，50(3)：66－74.

任保平，2018b. 新时代中国经济增长的新变化及其转向高质量发展的路径[J]. 社会科学辑刊(5)：35－43.

任保平，2019. 新中国 70 年经济发展的逻辑与发展经济学领域的重大创新[J]. 学术月刊，51(8)：27－36.

任保平，李禹墨，2018a. 新时代背景下高质量发展新动能的培育[J]. 黑龙江社会科学(4)：31－36.

任保平，李禹墨，2018b. 新时代我国高质量发展评判体系的构建及其转型路径[J]. 陕西师范大学学报(哲学社会科学版)，47(3)：104－113.

任保平，李禹墨，2019. 新时代我国经济从高速增长转向高质量发展的动力转换[J]. 经济与管理评论，35(1)：5－12.

任保平，文丰安，2018. 新时代中国高质量发展的判断标准、决定因素与实现途径[J]. 改革(4)：5－16.

沈能，2012. 环境效率、行业异质性与最优规制强度：中国工业行业面板数据的非线性检验[J]. 中国工业经济(3)：56－68.

师博，张冰瑶，2018. 新时代、新动能、新经济：当前中国经济高质量发展解析[J]. 上海经济研究(5)：25－33.

斯密，1972. 国民财富的性质和原因的研究[M]. 郭大力，王亚南，译. 北京：商务印书馆.
宋林飞，2010. 中国小康社会指标体系及其评估[J]. 南京社会科学(1)：6－14.
宋明顺，张霞，易荣华，等，2015. 经济发展质量评价体系研究及应用[J]. 经济学家(2)：35－43.
随洪光，段鹏飞，高慧伟，等，2017. 金融中介与经济增长质量：基于中国省级样本的经验研究[J]. 经济评论(5)：64－78.
孙久文，2018. 从高速度的经济增长到高质量、平衡的区域发展[J]. 区域经济评论(1)：1－4.
孙早，刘李华，2019. 社会保障、企业家精神与内生经济增长[J]. 统计研究，36(1)：79－93.
托马斯，王燕，2017. 增长的力量[M]. 2 版. 张绘，唐仲，林渊，译. 北京：中国财政经济出版社.
万伦来，李浩，2020. 生产性服务业集聚、产业结构升级与区域生态效率提升：来自 2003—2016 年中国 30 个省份的面板数据[J]. 经济经纬，37(2)：97－105.
汪艳涛，张娅娅，2020. 生态效率区域差异及其与产业结构升级交互空间溢出效应[J]. 地理科学，40(8)：1276－1284.
王兵，吴延瑞，颜鹏飞，2010. 中国区域环境效率与环境全要素生产率增长[J]. 经济研究，45(5)：95－109.
王连芬，戴裕杰，2017. 中国各省环境效率及环境效率幻觉分析[J]. 中国人口·资源与环境，27(2)：69－74.
王维，陈杰，毛盛勇，2017. 基于十大分类的中国资本存量重估：1978—2016 年[J]. 数量经济技术经济研究，34(10)：60－77.
王伟光，马胜利，姜博，2015. 高技术产业创新驱动中低技术产业增长的影响因素研究[J]. 中国工业经济(3)：70－82.
王文倩，张羽，2022. 金融结构、产业结构升级和经济增长：基于不同特征的技术进步视角[J]. 经济学家(2):118－128.

王一鸣,2017. 中国经济新一轮动力转换与路径选择[J]. 管理世界(2):1－14.

王一鸣,2018. 改革开放新时代与推动经济高质量发展[N]. 光明日报,11－16(6).

王玉燕,汪玲,詹翩翩,2016. 中国工业转型升级效果评价研究[J]. 工业技术经济,35(7):130－138.

魏敏,李书昊,2018. 新时代中国经济高质量发展水平的测度研究[J]. 数量经济技术经济研究,35(11):3－20.

吴志军,梁晴,2020. 中国经济高质量发展的测度、比较与战略路径[J]. 当代财经(4):17－26.

肖宏伟,2014. 中国全面建成小康社会评价指标体系研究[J]. 发展研究(9):27－34.

熊彼特,1990. 经济发展理论:对于利润、资本、信贷、利息和经济周期的考察[M]. 何畏,易家祥,等译. 北京:商务印书馆.

徐鹏杰,杨萍,2019. 扩大开放、全要素生产率与高质量发展[J]. 经济体制改革,214(1):32－38.

徐瑞慧,2018. 高质量发展指标及其影响因素[J]. 金融发展研究(10):36－45.

徐学敏,1998. 发展经济重在质量[J]. 财经问题研究(12):10－12.

许学国,张俊杰,2019. 交互视角下环境规制对工业生态效率的影响[J]. 软科学,33(6):67－71.

闫冰倩,田开兰,2020. 全球价值链分工下产业布局演变对中国增加值和就业的影响研究[J]. 中国工业经济(12):121－139.

杨玲,2017. 破解困扰"中国制造"升级的"生产性服务业发展悖论"的经验研究[J]. 数量经济技术经济研究,34(7):73－91.

杨智峰,陈霜华,汪伟,2014. 中国产业结构变化的动因分析:基于投入产出模型的实证研究[J]. 财经研究,40(9):38－49.

姚芳，孙林岩，周密，2008. 中国制造业发展的区域比较[J]. 西安交通大学学报(社会科学版)，28(1)：19－24.

易昌良，2016. 2015 中国发展指数报告："创新 协调 绿色 开放 共享"新理念、新发展[M]. 北京：经济科学出版社.

余姗，张文彬，2016. FDI 是否促进了生态效率的提高：来自我国省际数据的考察[J]. 国际商务(对外经济贸易大学学报)(1)：60－69.

余永定，杨博涵，2021. 中国城市化和产业升级的协同发展[J]. 经济学动态(10)：3－18.

余泳泽，胡山，2018. 中国经济高质量发展的现实困境与基本路径：文献综述[J]. 宏观质量研究，6(4)：1－17.

余泳泽，刘冉，杨晓章，2016. 中国产业结构升级对全要素生产率的影响研究[J]. 产经评论，7(4)：45－58.

余泳泽，杨晓章，张少辉，2019. 中国经济由高速增长向高质量发展的时空转换特征研究[J]. 数量经济技术经济研究，36(6)：3－21.

岳意定，谢伟峰，2014. 城市工业转型升级发展水平的测度[J]. 系统工程，32(2)：132－137.

查建平，郑浩生，唐方方，2012. 中国区域工业碳排放绩效及其影响因素实证研究[J]. 软科学，26(4)：1－6.

翟玉琪，2020. 以中国经济为主体研究政府与市场关系演变[J]. 现代工业经济和信息化，10(11)：1－2.

詹新宇，崔培培，2016. 中国省际经济增长质量的测度与评价：基于"五大发展理念"的实证分析[J]. 财政研究(8)：40－53.

张军扩，侯永志，刘培林，等，2019. 高质量发展的目标要求和战略路径[J]. 管理世界，35(7)：1－7.

张仁杰，董会忠，2020. 基于省级尺度的中国工业生态效率的时空演变及影响因素[J]. 经济地理，40(7)：124－132.

张淑英，李德山，刘媛媛，2013. 区域工业生态效率评价及其影响因素研究[J]. 统计与决策(3)：61－64.

张彦彦,2021.我国地区产业升级动态差异解释及其影响因素分析[J].经济问题探索(5):108-123.

张雨,2016.开放型经济转型发展的国际经验及其借鉴[J].国际贸易(4):38-44.

张震,刘雪梦,2019.新时代我国15个副省级城市经济高质量发展评价体系构建与测度[J].经济问题探索(6):20-31.

张治河,郭星,易兰,2019.经济高质量发展的创新驱动机制[J].西安交通大学学报(社会科学版),39(6):39-46.

张子龙,薛冰,陈兴鹏,等,2015.中国工业环境效率及其空间差异的收敛性[J].中国人口·资源与环境,25(2):30-38.

赵倩,沈坤荣,2018.以城市群建设推动区域经济高质量发展研究[J].经济纵横(9):92-98.

赵雪雁,2007.甘肃省产业转型及其生态环境效应研究[J].地域研究与开发(2):102-106.

赵雪雁,周健,王录仓,2005.黑河流域产业结构与生态环境耦合关系辨识[J].中国人口·资源与环境,15(4):69-73.

赵英才,张纯洪,刘海英,2006.转轨以来中国经济增长质量的综合评价研究[J].吉林大学社会科学学报,46(3):27-35.

郑江淮,陈喆,康乐乐,2022.国家间技术互补变迁及其对发明人才跨国流动的影响:一个国际技术发现假说与检验[J].中国工业经济(4):23-41.

周明,喻景,2016.创新驱动工业结构优化升级、转换能力及影响因素的实证研究:以重庆市为例[J].中国科技论坛(3):62-68.

周五七,聂鸣,2013.基于节能减排的中国省级工业技术效率研究[J].中国人口·资源与环境,23(1):25-32.

周永道,孟宪超,喻志强,2018.区域综合发展的“五位一体”评价指标体系研究[J].统计与信息论坛,33(5):19-25.

周跃辉,2018.习近平新时代中国特色社会主义经济思想的理论特征与逻辑框架研究[J]. 经济社会体制比较(3):12－18.

周振华,2018. 经济高质量发展的新型结构[J]. 上海经济研究(9):31－34.

朱卫平,陈林,2011. 产业升级的内涵与模式研究:以广东产业升级为例[J]. 经济学家(2):60－66.

朱紫雯,徐梦雨,2019. 中国经济结构变迁与高质量发展:首届中国发展经济学学者论坛综述[J]. 经济研究,54(3):194－198.

ALVES J S, MEDEIROS D D, 2015. Eco-efficiency inmicroenterprises and small firms: a case study in the automotive services sector[J]. Journal of Cleaner Production(108):595－602.

BARRO R, 2002. Quantity and quality of economic growth[J]. Journal Economía Chilena(The Chilean Economy)(5):17－36.

BATTY M, 2000. Less is more, more is different: complexity, morphology, cities, and emergence[J]. Environment and Planning B: Planning and Design, 27(2):167－168.

BRANDT L, THUN E, 2016. Constructing a ladder for growth: policy, markets, and industrial upgrading in China[J]. World Development (80):78－95.

CHENERY H B, 1967. Foreign assistance and economic development [M]//ADLER J H. Capital movements and economic development. London: Palgrave Macmillan.

CORTÉS A, CASILLAS-HERNÁNDEZ R, CAMBESES-FRANCO C, et al., 2021. Eco-efficiency assessment of shrimp aquaculture production in Mexico[J]. Aquaculture(544):737145.

DAHLSTRÖM K, EKINS P, 2010. Eco-efficiency trends in the UK steel and aluminum industries: differences between resource efficiency and resource productivity[J]. Journal of Industrial Ecology, 9(4):171－188.

DESIMONE L D, POPOFF F, 2000. Eco-efficiency: the business link to sustainable development[J]. Cambridge:MIT Press Books.

EVANGELINOS K I, NIKOLAOU I E, 2011. Measuring solid waste eco-efficiency performance through environmental accounting [J]. International Journal of Environment & Waste Management, 7(3-4): 235-249.

FERNANDEZ-VINE M B, GOMEZ-NAVARRO T, CAPUZ-RIZO S F, 2010. Eco-efficiency in the SMEs of Venezuela. current status and future perspectives[J]. Journal of Cleaner Production, 18(8):736-746.

FINKBEINER M, SCHNEIDER L, BERGER M, 2012. Design for Resource Efficiency[M]//MATSUMOTO M, UMEDA Y, MASUI K, et al. Design for innovative value towards a sustainable society. Dordrecht:Springer Netherlands:106-109.

GEMBA K, KODAMA F, 2001. Diversification dynamics of the Japanese industry[J]. Research Policy, 30(8):1165-1184.

GEREFFI G, 1999. International trade and industrial upgrading in the apparel commodity chain [J]. Journal of International Economics, 48(1):37-70.

GOLDSMITH R W, 1951. A perpetual inventory of national wealth[J]. NBER Studies in Income and Wealth(14):5-61.

GOMEZ-CALVET R, CONESA D, GOMEZ-CALVET A R, et al., 2016. On the dynamics of eco-efficiency performance in the European Union[J]. Computers & Operations Research(66):336-350.

HUANG P C C, 1990. The peasant family and rural development in the Yangzi Delta, 1350-1988[M]. Stanford:Stanford University Press.

HUMPHREY J, SCHMITZ H, 2002. How does insertion in global value chains affect upgrading in industrial clusters? [J]. Regional Studies, 36(9):1017-1027.

KORHONEN P J, LUPTACIK M, 2004. Eco-efficiency analysis of

power plants:an extension of data envelopment analysis[J]. European Journal of Operational Research,154(2):437 – 446.

LOURENO E J, BAPTISTA A J, PEREIRA J P, et al., 2013. Multi-layer stream mapping as a combined approach for industrial processes eco-efficiency assessment [M]//NEE A Y C, SONG B, ONG S K. Re-engineering manufacturing for sustainability. Springer Singapore:427 – 433.

MATSUMOTO K, CHEN Y Y, 2021. Industrial eco-efficiency and its determinants in China: a two-stage approach[J]. Ecological Indicators (130):108072.

MAXIME D, MARCOTTE M, ARCAND Y, 2006. Development of eco-efficiency indicators for the Canadian food and beverage industry[J]. Journal of Cleaner Production, 14(6 – 7):636 – 648.

MLACHILA M, TAPSOBA R, TAPSOBA S J A, 2017. A quality of growth index for developing countries: a proposal[J]. Social Indicators Research, 134(2):675 – 710.

MORRIS B, 2001. Can differences in industry structure explain divergences in regional economic growth [J]. Bank of England Quarterly Bulletin, 41(2):195 – 203.

MURAKAMI N, 2015. Changes in Japanese industrial structure and urbanization: evidence from prefectural data[J]. Journal of the Asia Pacific Economy, 20(3):385 – 403.

PASTOR J T, LOVELL C A K, 2005. A global Malmquist productivity index[J]. Economics Letters, 88(2):266 – 271.

PEARCE D W, TURNER R K, 1990. Economic of natural resources and the environment[M]. Baltimore: Johns Hopkins University Press.

PENEDER M, 2003. Industrial structure and aggregate growth [J]. Structural Change and Economic Dynamics(14):427 – 448.

POON T S C, 2004. Beyond the global production networks: a case of further upgrading of Taiwan's information technology industry[J]. Technology and Giobalisation,1(1):130 - 144.

PORTER M E,JELINEK M,1990. The competitive advantage of nations [M]. New York:Free Press.

QUINTANO C, MAZZOCCHI P, ROCCA A, 2021. Evaluation of the eco-efficiency of territorial districts with seaport economic activities [J]. Utilities Policy(71):101248.

SCHALTEGGER S,STURM A,1990. Ökologische rationalität:ansatzpunkte zur ausgestaltung von ökologieorientierten managementinstrumenten[J]. Die Unternehmung,44(4):273 - 290.

WHITFIELD L, STARITZ C, 2021. Local supplier firms in Madagascar's apparel export industry: upgrading paths, transnational social relations and regional production networks[J]. Environment and Planning A: Economy and Space,53(4):763 - 784.